中公新書 2300

岡本裕一朗著

フランス現代思想史

構造主義からデリダ以後へ

中央公論新社刊

はじめに

本書は「フランス現代思想」を一つの通史として描くものである。テーマとしては今までにもありそうだが、不思議なことに、日本ではこれまで試みられてこなかった。個々の思想家の本はいくつも出版されているけれど、それらを全体的に俯瞰《ふかん》することができなかったのだ。そこで私は、構造主義からポスト構造主義へ、さらにはそれ以後の展開を、大きな流れとして提示しようと考えたのである。

フランス思想といえば、第二次世界大戦後、知的世界において流行の発信源となってきた。戦後すぐのサルトル（実存主義）から始まって、次々と新たなモードが登場し、熱狂的な流行を生み出していった。日本でも、その流行を追いかけるように、斬新な思想が紹介されてきた。たとえば、一九八〇年代の前半には、「ニュー・アカデミズム」と呼ばれる「フランス現代思想」ブームが沸き起こり、流行に敏感な人々は、こぞって現代思想の本を読んだのである。

ところが、一九九〇年代の後半になると、そうしたブームも終息し、「フランス現代思想」はほとんど話題にならなくなった。さらには、二一世紀になると、デリダやレヴィ＝ストロースも亡くなって、「フランス現代思想」も完全に終わってしまったように見える。とすれば、どうして今、「フランス現代思想史」を書く必要があるのだろうか。「フランス現代思想」はその役目を終え、もはやアクチュアリティをもたないのだろうか。

本書で「フランス現代思想史」を描くのは、単なる懐古趣味からではない。むしろ、フランス現代思想のうちに、アクチュアリティが見出《みいだ》されるからだ。「フランス現代思想」はまだ終わったわけではないし、その意義が十分に理解されたわけでもない。フランス現代思想家たちが問い、解明しようとしたものは、今なお現代世界の中心問題であり続けている。

こうした視点から、「フランス現代思想史」をあらためて捉え直すことが、本書のねらいである。たしかに、「フランス現代思想」については、前々から「レトリカルで読みにくい」といった悪評が定着している。この手の文章は、最近の傾向からいえば「反時代的」と言えるかもしれないが、だからといって「フランス現代思想」を捨て去るのは賢い選択ではない。というのも、「フランス現代思想」を無視すれば、現代世界の重要な問題の多くが見えなくなるからだ。それがいったいどんな問題なのか、本書によって明らかにしていきたい。

「フランス現代思想史」を描くにあたって、本書で注意した点について、少しばかり述べておきたい。まず本書では、ビッグ・ネームの思想家たちを中心に描いていることもあって、専門的な知識のある読者には少し物足りないかもしれない。また、取り上げる思想家の数も多くはないため、他の思想家に注目している読者には不満もあるだろう。しかし、紙数が限られていることから考えると、その点は、本書の方針として許容していただきたいと思う。

本書の展開は、レヴィ＝ストロースの構造主義から始まって、さまざまな構造主義を考察し、そこからポスト構造主義へ移っていくので、もしかしたら教科書的な記述と理解されるかもしれない。しかし、本書はフランス現代思想の単なる紹介ではなく、原則として、それぞれの思想展開をどう解釈するかを問い、さらにそれぞれの思想をどう評価するかも提示している。こうした提示をすれば、おそらく批判や反論を受けることは承知している。しかし、単なる紹介では思想の歴史を理解することはできない。思想の理解には、解釈と評価が不可欠であって、それ抜きの客観的な記述は不可能ではないだろうか。本書で提示した解釈や評価については、あくまでも筆者なりの解釈として受け取っていただきたい。

また、本書の特徴について触れておけば、私はそれぞれの思想を、いわば外から眺めるような態度で相対化している。今まで、それぞれの思想家（たとえば、レヴィ＝ストロースやフーコー、デリダなど）についての書物は、たいてい、その思想家に対して内部から（つまり、その思想家に共感しつつ）叙述されている。それに対して、本書では、思想史ということもあって、誰かの思想にコミットするような立場をとらず、むしろつねに外部から理解しようと努めた。この方法が正しかったのかどうかは、読者の判断に委ねるほかない。

最後に、本書の新たな論点として、「ポスト構造主義以後」の潮流を概観し、今後の展望を語ったことを強調しておきたい。「フランス現代思想」はデリダの死によって終わるわけではなく、新たな可能性が芽生えている。一九七〇年代以来、フランスでは構造主義やポスト構造主義への批判が拡大していったが、二一世紀を迎えるころから新たな動きが始まっている。「ポスト構造主義以後」が、今後ホットな話題になるのではないだろうか。そのための、一つの機縁となることを願って、本書を始めることにしよう。

〔付記〕
引用にあたって、邦訳文献の一部に表記を改めたもの、原文からあらためて訳したものがあります。

フランス現代思想史　目次

プロローグ　フランス現代思想史をどう理解するか

ソーカル事件の衝撃

今日、フランス現代思想史を書こうとするとき、避けて通れない問題がある。いわゆる「ソーカル事件」と呼ばれるもので、ニューヨーク大学の物理学教授アラン・ソーカルがしかけたイタズラだ。一九九五年に、ソーカルは「著名なフランスやアメリカの知識人たちが書いた、物理学や数学についてのばかばかしいが残念ながら本物の引用を詰め込んだパロディ論文」を作成し、現代思想系の『ソーシャル・テクスト』誌に投稿した。ところが、このインチキ論文は、なんと掲載されてしまったのである。

ソーカルはその後、直ちに論文掲載の経緯を明らかにし、次のように語った。「わたしはこの論文を、まともな物理学者や数学者なら（いや、物理や数学専攻の学部生ですら）だれでもインチキだとわかるように書いている」。ところが、雑誌の編集者は、そのインチキに気づかなかっただけでなく、高い評価まで与えたのだ。こうしたイタズラによって、論文を掲載した雑誌および編集者が、笑いものにされたのはもちろんである。九六年には、雑誌の編集長は、「著者でさえ意味が分からず、しかも無意味と認める『論文』を掲載した」理由によって、イグノーベル賞を受賞した。

しかし、影響はそれだけにとどまらなかった。というのも、引用された文献の多くが、フランスの現代思想家たちの文章だったからである。今まで、フランス現代思想は「難解」だからこそ崇拝されてきたのに、実際にはむしろ、「ばかげた文章とあからさまに意味をなさない表現に満ちている」と分かったのだ。彼らが物理学や数学「的」な概念を使って書いた文章は深遠なわけではなく、まったくナンセンスだったのである。

これだけでも画期的な「事件」と言えるが、ソーカルのイタズラは一段と厳しさを増した。一九九七年になると、アメリカではなく現代思想の本拠地フランスで、戦闘を開始したのである。彼はジャン・ブリクモンとの共著『「知」の欺瞞《ぎまん》』を出版し、次の年には『ファッショナブル・ナンセンス』というタイトルで、その英語版をも公刊した。その本で彼らは、フランスの現代思想家たちの文章を広範に取り上げ、それらがいかに意味不明であるかを、完膚なきまでに暴き出したのだ。

われわれは、〔フランス現代思想家たちが〕科学的概念や術語をくりかえし濫用《らんよう》してきたことを示す。濫用のひとつは、科学的概念を、何の断りもなくその通常の文脈を完全に離れて使うことだ。〔……〕もうひとつの濫用は、論点と関係があるかどうかどころか、その意味さえ度外視して、科学を専門としない読者にむかって科学の専門用語を並べ立てることである。（以下、〔　〕の中は引用者による）

（『「知」の欺瞞』「日本語版への序文」）

じっさい、少しでもフランスの現代思想を読んだことのある人なら、この評言に心当たりがあるだろう。たとえば、次のようなラカンやドゥルーズの文章は、どう理解したらいいのか、きっと頭を悩ませたに違いない（『「知」の欺瞞』より再引用）。

やがて出版される論文において〔……〕私はトポロジーと構造の厳密な等価性を証明したと信じる。この等価性をわれわれの指針にするならば、ひとが享楽として語るものから匿名性を区別するもの、すなわち、法＝権利によって規制されているもの、それはひとつの幾何学だ。

（ラカン）

科学は、潜在的なものを現働化させることができる或《あ》る準拠を獲得するために、無限なものを、無限速度を放棄するのである。哲学は、無限なものを保持しながら、概念によって共立性を潜在的なものに与える。ところが、科学は、無限なものを放棄して、潜在的なものに、その潜在的なものを現働化させるような或る準拠を、ファンクションによって与え

（ドゥルーズ＝ガタリ）

る。

こうした表現は、もしかしたら、深遠な思想のように見えるかもしれない。しかし、じつを言えば、これらの文章はナンセンスの塊ではないだろうか。今までフランス現代思想の読者たちは、思想内容が理解できないのは、自分の頭が悪いからだと考えてきた。ところが、ソーカルとブリクモンによると、悪いのは読者の頭ではなく、むしろ思想家たちのほうにこそその原因がある。フランス現代思想家たちの文章そのものが、まさに「欺瞞」に満ち溢《あふ》れ、理解しようとしても初めから理解不能だったのだ。

「ソーカル事件」の後

この「ソーカル事件」が、アメリカやフランスで激しい論争を呼び起こしたのは当然であろう。ソーカルらに対して、憎悪に満ちた非難が浴びせかけられることもあった。ところが、フランスの思想家たちを擁護する言明は、あまり歯切れのよいものとは言えなかった。現時点から見ると、ソーカルとブリクモンの問題提起に、正面から答えた議論はなかったのではないだろうか。

日本での反応について言えば、一層鈍かったように思われる。たしかに、二〇〇〇年には『「知」の欺瞞』の邦訳が出版されたので、「ソーカル事件」が話題になることはあった。しかしながら、今までフランス現代思想を紹介してきた人々が、「ソーカル事件」に積極的に対応することは、皆無だったのではないだろうか。もっとも、二〇〇〇年ごろには、フランス現代思想ブームも終わっていて、「今さら批判しても仕方ない」という雰囲気だったのかもしれない。とすれば、「ソーカル事件」は一時期のエピソードとして、忘れ去ってもいいのだろうか。

そんなことはない。むしろ、フランス現代思想を問題にするならば、「ソーカル事件」は何よりも出発点に据えるべきであろう。なぜなら、「ソーカル事件」を真剣に受け止めなければ、フランス現代思想は「ファッショナブルなナンセンス」として、まったく意義を失うように見えるからだ。そのときは、「フランス現代思想史」を今ごろ書く必要さえなくなってしまう。とすれば、「ソーカル事件」の後で、フランス現代思想にいったいどう向きあえばいいのだろうか。

それを確認するために、ソーカルとブリクモンが何のために『「知」の欺瞞』を書いたのか、あらためて見てみよう。彼らはデリダの用語「脱構築」を逆手にとって、次のように述べている。

われわれの目的は、まさしく、王様は裸だ（そして、女王様も）と指摘することだ。しかし、はっきりさせておきたい。われわれは、哲学、人文科学、あるいは、社会科学一般を攻撃しようとしているのではない。それとは正反対で、われわれは、これらの分野がきわめて重要であると感じており、明らかにインチキだとわかる物について、この分野に携わる人々（特に学生諸君）に警告を発したいのだ。特に、ある種のテクストが難解なのはきわめて深遠な内容を扱っているからだという評判を「脱構築」したいのである。多くの例において、テクストが理解不能に見えるのは、他でもない、中身がないという見事な理由のためだということを見ていきたい。（同前、「はじめに」）

ここで注目したいのは、ソーカルやブリクモンが「哲学、人文科学、あるいは、社会科学一般を攻撃」するわけではないことだ。彼らはむしろ、「これらの分野がきわめて重要である」と認めている。したがって、「ソーカル事件」によって、フランス現代思想が完全に無に帰してしまうことはない。批判すべきは、〝数学や物理学の概念や用語の濫用〟によって、曖昧模糊としたナンセンスな文章を繰り広げたことにある。では、いったいどうすればいいのだろうか。

ここで参考にしたいのが、ヘーゲル哲学に対してマルクスがとった態度である。マルクスは、神秘化されたヘーゲル理論を批判する一方で、それを「死んだ犬」として捨て去ることも拒否した（『資本論』「序文」）。マルクスは、ヘーゲル理論の神秘的な外皮をはぎ取り、〝合理的な核心〟を救い出したのである。それを援用して言えば、現在、フランス現代思想を理解するには、〝濫用された数学や科学的な概念〟を取り除いて、その〝合理的な核心〟を引き出さなくてはならない。

しかし、フランス現代思想に、はたして〝合理的な核心〟などあるのだろうか。フランス現代思想は、いったい何を問うたのだろうか。「ソーカル事件」によって、フランス現代思想が壊滅するかどうかは、この問題にかかっている。

フランス現代思想の「精神」

いささか結論を先取りして言えば、フランス現代思想が一貫してテーマとしてきたのは、「西洋近代をどう理解するか」と表現できるだろう。そのとき、次の二つの点に注意しなくてはならない。一つは、彼らにとって「西洋近代」は単に考察すべき対象ではなく、むしろ彼ら自身を形成してきた伝統だという点である。そのため、「西洋近代」への問い直しは、自分たち自身を問い直すことに他ならない。

もう一つは、探求が現状肯定のためではなく、むしろ批判的な作業と考えられることである。「西洋近代」を問い直すのは、それと根本的に対決するためなのだ。フランス現代思想家たちが「西洋中心主義」に言及したり、「人間の死」を宣言したりするのは、まさにその点に理由がある。したがって、フランス現代思想を理解するには、「西洋近代」がどう理解されたのかに光を当てなくてはならない。

こうした「西洋近代を自己批判的に解明する」態度を、ここではフランス現代思想の「精神」と呼ぶことにしたい。本書で考察する思想家たちは、総じてこの「精神」を共有していると言ってよい。彼らは、それぞれ固有の領域（哲学、人文学、社会科学）において、この「精神」をいかんなく発揮し、「西洋近代」を思想において捉えようと奮闘したのである。

注意したいのは、「西洋近代」への問い直しが、私たちにとっても重要な問題であることだ。今日、近代という時代が決定的な転換点に立っていることは、つとに指摘されている。そのため、現代という時代を理解するには、「西洋近代」への問い直しが必須になってくる。したがって、フランス現代思想の試みは、現代を理解するための、貴重なヒントになるのではないだろうか。

このように考えるとき、「フランス現代思想史」をどこから始めるかが、おのずから明らかになるだろう。一般に、フランスの戦後思想を考えるとき、サルトルの実存主義から始まって、構造主義とポスト構造主義の展開を描くのが普通である。このとき問題となるのは、実存主義をはたして「現代思想」に含めるかどうかである。その際想起すべきは、レヴィ＝ストロースが構造主義を宣揚したとき、サルトルの実存主義を近代主義の典型として批判したことだ。

したがって、フランス現代思想の「精神」という点から考えるならば、サルトルの実存主義は除外しなくてはならない。そこで、本書ではレヴィ＝ストロースの構造主義から、フランス現代思想史を始めることにしたい。

レヴィ＝ストロースの構造主義から本書を始めるのは、もう一つの理由がある。レヴィ＝ストロースが、構造主義をサルトルの実存主義に対置させたとき、数学的な厳密さや科学的な方法をことさら強調した。レヴィ＝ストロースの「親族構造」は、ブルバキ派の数学者によって厳密に定式化されている。こうしたレヴィ＝ストロースの仕事の成功が、その後につづく思想家たちのモデルになったのは間違いないだろう。レヴィ＝ストロース以後の思想家は、こぞって「科学」への強い志向を表明している。フランス現代思想の「精神」は、科学や数学への強い志向に貫かれている。

もちろん、レヴィ＝ストロースが使った数学は、それ以後の思想家たちの「数学もどき」から区別すべきかもしれない。じっさい、『「知」の欺瞞』では、レヴィ＝ストロースへの批判は登場しない。ところが、レヴィ＝ストロースでさえも、神話研究の領域では、数学を比喩的な仕方で利用している。その点はともかく、レヴィ＝ストロースが人類学において数学を使ったことが、その後のフランス思想に大きな影響を与えたことは間違いない。

しかし、レヴィ＝ストロース以後の思想家たちは、ソーカルらが批判するように、数学や物理学の概念や用語の濫用を行なうようになった。これは、レヴィ＝ストロース以前のサルトルには見られなかった特徴である。とすれば、フランスの現代思想家たちが、議論を展開するために、好んで数学や科学の概念に訴えるようになったのは、レヴィ＝ストロース以後と言わなくてはならない。したがって、「フランス現代思想史」を理解するには、何よりもレヴィ＝ストロースの構造主義から始めなければならない。

フランス現代思想史をどう描くか

では、「フランス現代思想史」を全体として、どのように描いたらいいのだろうか。本書では、構造主義からポスト構造主義へといたる思想運動を描くことにするが、それとともにポスト構造主義以後をも最後に眺めておきたい。こうした展開は、もしかしたら教科書的に見えるかもしれないが、今まで個々の思想家の本は書かれたとしても、フランス現代思想の通史はなかったことから考えると、必要な作業ではないだろうか。

具体的な展開に入る前に、ここであらかじめフランス現代思想史の大まかな時期区分を見ておくことにしよう。というのも、構造主義やポスト構造主義の流行は、フランスと日本ではタイムラグがあって、受け取り方に違いがあるからだ。そこで、不要な誤解を避けるために、少し長いけれども、『構造主義の歴史』の著者フランソワ・ドッスが描いた見取り図を提示しておきたい。

構造主義が五〇年代から六〇年代にかけてフランスでかちえたはなばなしい隆盛は、この国の知識界の歴史においていまだかつて例を見ないものであった。〔……〕それはいかにも〈構造主義の時代〉と呼ばれるにふさわしい時代だったのである。

このようなめざましい成功のおもな理由としては、まずなんといっても構造主義がそれ自体一個の厳密な方法として登場し、ひとびとの胸に、ついに科学への決定的な一歩をふみだすことができるのではないかという希望をめざめさせたことがあげられる。〔……〕

大きな時代区分をたてる仕事もまた容易ではない。とはいえそこには、五〇年代に構造に関わる事象への言及がすさまじい勢いで広がりはじめ、六〇年代に入ると、構造主義がまさしく一個の流行と化して知識人の場を席巻するというおおまかな流れが、おのずと浮かびあがってくる。中心的な指標は、知識人の場における構造主義的活動の影響が極大に達する一九六六年という年である。この年は、構造主義が既成の学問領域間の境界をこえて作りだした記号の世界が、すさまじい強度と影響力と発酵状態に達したことで、構造主義の時代のなかでもとりわけ目をひく時点となっている。一九六六年以前は、すさまじいばかりの発展期であり、いわば構造主義的活動の上昇局面をなしている。一九六七年以降は、ジャーナリズムのいたるところをにぎわせていた構造主義現象に対する、反動、批判、距離をおいた態度表明といったものがあらわれはじめる。つまり構造主義現象への反動は、六八年の出来事にさきだって、一九六七年には早くもそのきざしを見せていたのである。

ちなみに構造主義の四銃士たち〔レヴィ＝ストロース、フーコー、ラカン、バルト〕が、さかんに構造主義現象と距離をとろうとしだすのも、ちょうどこのころのことである。

（『構造主義の歴史』「序文」）

ドッスの記述に付け加えておけば、レヴィ＝ストロースの「構造主義」に対してデリダが正面から批判したのは、一九六七年の二つの著作においてである。とすれば、一九六〇年代の後半には、すでに「ポスト構造主義」が開始されている、と考えなくてはならない。そこで、「ポスト構造主義」の起点を、一九六七年に置くことにしたい。また七〇年代に入ると、ドゥルーズとガタリが『アンチ・オイディプス』（一九七二年）を出版して、時代は一挙に「ポスト構造主義」へと転回していく。

ここで、「ポスト構造主義」という言葉について注意しておけば、これが使われるようになったのはアメリカのアカデミックな世界であって、フランスの思想家たち自身が、みずから「ポスト構造主義者」と名のることはない。また、その意味にしても、明確な定義があるわけではなく、「構造主義の後」といった程度の漠然とした用法で使われている。しかし、ジョナサン・カラーは、『ディコンストラクション』（一九八二年）のなかで構造主義とポスト構造主義の対比を検討した後で、「構造主義とポスト構造主義の区別はおよそあてにならない」と結論づけている。

したがって、「構造主義からポスト構造主義へ」という図式を、あまり厳密に受け取らないほうがいいかもしれない。じっさい、ドイツのマンフレート・フランクは「ポスト構造主義」ではなく、「ネオ構造主義（新構造主義）」と呼んでいる。それでも、構造主義に対する批判は明確であるので、本書では、この方向で展開された思想を「ポスト構造主義」と考えることにしたい。

しかし、「ポスト構造主義」か「ネオ構造主義」のいずれを使うにしても、「構造主義」を度外視しては理解することができない。その点からいえば、「構造主義」から「ポスト構造主義」への展開全体を、広義の意味で「構造主義的運動」と言ったほうがいいかもしれない。あるいは、『フレンチ・セオリー』（二〇〇三年）の著者キュセならば、「フレンチ・セオリー」と呼ぶだろう。

こうした「構造主義的運動」（「フレンチ・セオリー」）が終わりを迎えるのは、八〇年代に入ってからである。この時期、多くの思想家たちが死を迎えている。デリダやレヴィ＝ストロースは二一世紀まで生存したが、フランス現代思想を彩った、湧き立つような「構造主義的運動」は、すでに八〇年代には衰退していた。構造主義とポスト構造主義は「六八年の思想」として批判され、それから離反することが時代の流れとなったのである。

この後、フランス現代思想はいったいどこへ向かうのだろうか。フランス現代思想の「精神」は、指導的思想家たちの死とともに終わってしまったのだろうか。それとも、この精神を受け継いだ新たな世代が、芽生えつつあるのだろうか。それを確かめるためにも、フランス現代思想史に入ることにしよう。

第1章　レヴィ＝ストロースの「構造主義」とは何か

「構造主義」への疑問

フランス現代思想史を構造主義から始めるとき、あらかじめ根強い誤解を解体しておかなくてはならない。一般に「構造主義」がイメージされるとき、「構造主義の四銃士」として、クロード・レヴィ＝ストロース、ミシェル・フーコー、ジャック・ラカン、ロラン・バルトが挙げられる。あるいは、これにルイ・アルチュセールが加わり、「五人の構造主義者」となるかもしれない。彼らが展開した「構造主義」は、フェルディナン・ド・ソシュールの言語学を起源とし、サルトルの実存主義が凋落《ちょうらく》した一九六〇年代から本格的に展開された、と見なされる。

こうした「構造主義」のイメージは、たしかに一般の入門書では定石となっているが、ハッキリいって、実像とはかけ離れている。たとえば、「構造主義」の起源とされるソシュールの言語学を考えてみよう。彼の遺稿である『一般言語学講義』（一九一六年）では、驚くことに、「構造」という言葉はわずか三回しか使われてない。しかも、レヴィ＝ストロースが人類学における「構造主義」を構想したとき、ソシュール言語学については十分な知識をもっていなかった。とすれば、ソシュール言語学を、はたして「構造主義」の起源と見なしてよいのだろうか。

また、「構造主義」が実存主義の後から始まった、というイメージも正確ではないだろう。たしかに、「構造主義」がフランスで大々的に流行したのは、レヴィ＝ストロースが『野生の思考』（一九六二年）の最終章で、サルトル批判を展開してからである。しかし、レヴィ＝ストロースの主著である『親族の基本構造』は、それよりずっと早く、一九四九年には出版されている。また、人類学的紀行文『悲しき熱帯』が話題となったのは、一九五五年のことだ。このころはまだ、サルトルが華々しく活躍していた時期である。そうであれば、「実存主義から構造主義へ」という理解でいいのだろうか。

レヴィ＝ストロース

さらに言えば、「構造主義の四銃士」あるいは「五人の構造主義者」を、十把《じっぱ》一絡《ひとから》げに「構造主義」にまとめることも問題であろう。ジャン・ピアジェは文庫クセジュの『構造主義』のなかで、フーコーの思想を「構造なき構造主義」と呼んでいるが、これはじっさいのところ、フーコーだけに限らないように思われる。レヴィ＝ストロースによると、「真の構造主義が可能なのは、言語学と民族学だけ」なのだ。したがって、「構造主義」を理解する場合、大雑把に一つの学派のように考えるのは難しいだろう。そもそも、五人の「構造主義者」たちに、共通の「構造」概念があるのだろうか。

このように見ると、「構造主義」の一般的なイメージを、あらかじめ拭い去る必要があるだろう。そのために、ここではレヴィ＝ストロースの「構造主義」を、他の「構造主義的思想家」たちから区別して取り扱うことにしたい。「構造主義とは何か」を理解するには、何よりもまず「レヴィ＝ストロースの構造主義」を主題化しなくてはならない。「構造主義者」と呼べるのは、もしかしたらレヴィ＝ストロースだけかもしれない。しかし、レヴィ＝ストロースの「構造主義」を、いったいどう理解したらいいのだろうか。

I 「構造主義」はどう成立したか

哲学から民族学（人類学）へ

クロード・レヴィ＝ストロース（Claude Lévi-Strauss）は一九〇八年生まれで、早い時期にマルクス主義の影響を受け、大学時代はすでに社会主義運動の闘士だった。世代としては、サルトルやメルロ＝ポンティ、ボーヴォワールやシモーヌ・ヴェイユと同じである。彼は大学を卒業した後、サルトルらと同じく、哲学のアグレガシオン（教授資格試験）に合格して、リセの哲学教師をしていた。ところが、その後、一本の電話がレヴィ＝ストロースの運命を決定的に変えることになる。「私がその後辿《たど》ることになった人生行路は、一九三四年秋の或《あ》る日曜日、朝九時に鳴った電話で決定された」（『悲しき熱帯』）。電話してきたのは、大学時代に指導教授だったセレスタン・ブーグレである。それまで、リセの哲学教師をしていたレヴィ＝ストロースに、新設のサンパウロ大学が社会学講座の教授を求めている、と連絡したのだ。こうして、レヴィ＝ストロースは翌年にブラジルのサンパウロへと向かうことになったが、このとき彼はまだ弱冠二六歳だった。

サンパウロ大学には、同僚として歴史学者のフェルナン・ブローデルも着任していたが、当時二人はそれほど深くつき合うことはなかったらしい。レヴィ＝ストロースの大学での担当は社会学であるが、そのころ「社会学は民族学をふくむ学科」とされていた。彼は休暇になると、フィールドワークを行なって、民族学の基礎を形成していった。それについては、『悲しき熱帯』に詳しく書かれている。

しかし、どうしてレヴィ＝ストロースは、哲学から民族学へ研究分野を移したのだろうか。レヴィ＝ストロースによれば、「私の受けた哲学の教育は、知能を練磨すると同時に、精神を枯渇させてしまうものであった」（同前）。これが何を意味するかは問題であるが、いずれ

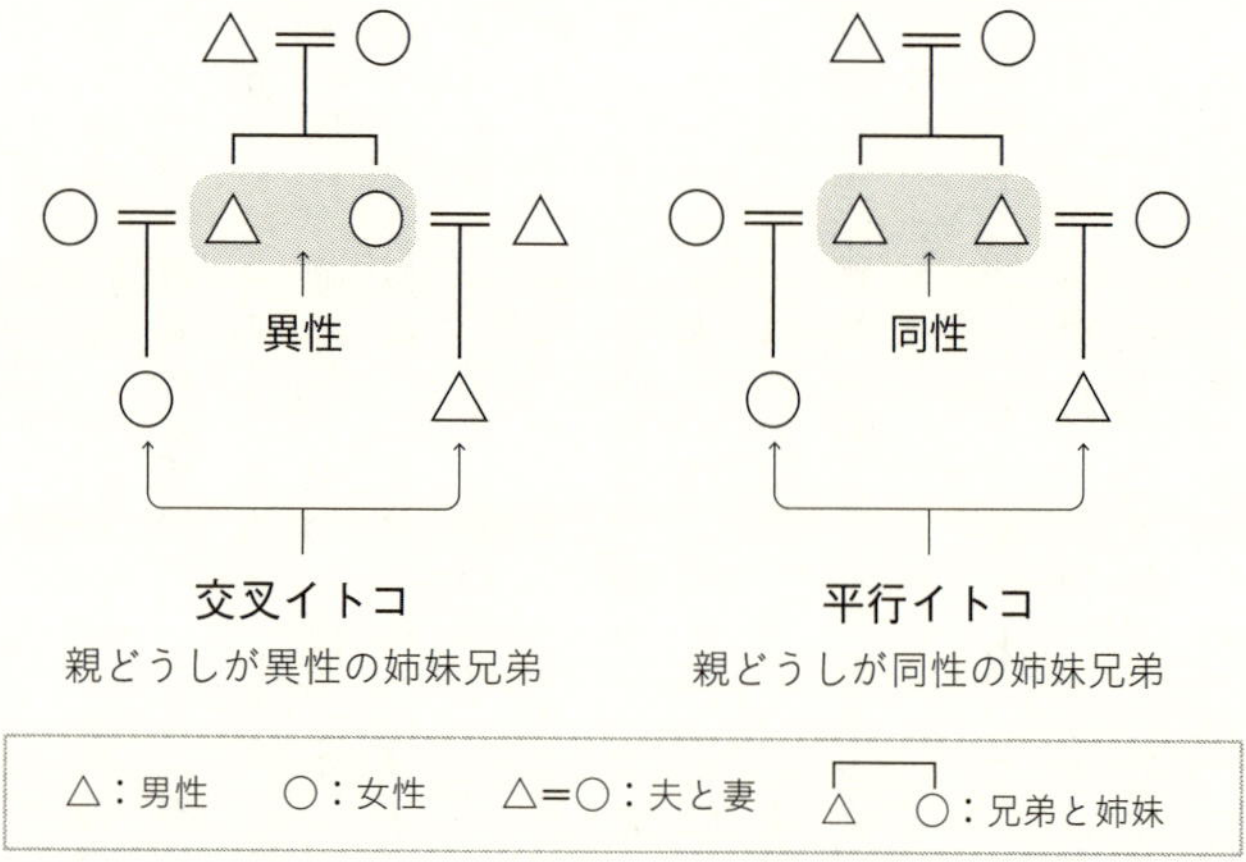

図1－1　交叉イトコと平行イトコ

にしろ、彼は民族学を生涯の研究領域とすることになった。それでは、民族学者として、レヴィ＝ストロースは何を問題としたのだろうか。

一つは、初期のテーマとなった親族関係の分析であり、これは彼の学位論文『親族の基本構造』のタイトルにもなっている。レヴィ＝ストロースが構造主義者として地位を確立したのは、まさにこの仕事によっている。レヴィ＝ストロースはその後、もう一つのテーマである神話の分析へと関心を移し、やがて大著『神話論理』（一九六四〜七一年）四部作を完成することになる。こうして、民族学者としてレヴィ＝ストロースは、親族関係論から神話論へと研究を展開したわけである。

神話論については後ほど触れることにして、まずは出発点となった親族関係論を考えることにしよう。レヴィ＝ストロースは民族学者として、親族関係のいったい何を問題にしたのだろうか。

彼が親族関係論において解明したのは、大別すると二つに分けることができるだろう。一つは、なぜ近親間で婚姻が禁止されるのかという、いわゆる「インセスト・タブー（近親婚の禁止）」の謎である。もう一つは「交叉イトコ婚」と呼ばれる制度である（図1－1）。これは、イトコ同士の婚姻であっても、「平行イトコ」（母の姉妹の子ども、父の兄弟の子ども）の場合には禁止され、「交叉イトコ」（母の兄弟の子ども、父の姉妹の子ども）のときは奨励されることだ。

こうした問題は、レヴィ＝ストロース以前にもアプローチされてきたにもかかわらず、当時はまだ明確になってはいなかった。それに対して、レヴィ＝ストロースは独自の考察方法によって、民族学の謎に挑んだのである。そして、まさにこの考察方法こそが、「構造主義」として一躍脚光を浴びることになったのだ。では、レヴィ＝ストロースはどんな方法によって、謎解きを行なったのだろうか。

ヤコブソンとの出会い

『構造人類学』（一九五八年）に収録された論文で、一九四五年という早い時期に発表された「言語学と人類学における構造分析」を見ると、初期レヴィ＝ストロースの問題意識がよく示されている。レヴィ＝ストロースは次のように述べている。

親族関係の諸現象は、言語の諸現象とは異なる次元の現実に属するが、それらと同一のタイプの現象である。社会学者は、音韻論によって導入された方法に形式の上で（内容的にとはいわぬまでも）類似した方法を用いて、言語の科学が最近になしとげた進歩に似た進歩を、みずからの科学に遂げさせることができるだろうか？

（『構造人類学』「言語学と人類学における構造分析」）

ここで分かるのは、レヴィ＝ストロースが、言語学、特に音韻論の方法と類似した方法を用いて人類学を構築しようと意図していることである。ただし、注意すべきは、ここで想定されている言語学が、ソシュールの言語学ではなく、「構造言語学」の一派であるトルベツコイやヤコブソンなどのプラハ学派の「音韻論」だ、という点である。サンパウロ大学を退職した後、レヴィ＝ストロースは一九四一年から四七年までアメリカに亡命し、ニューヨークに滞在していた。その地で彼は、同じく亡命していたロマン・ヤコブソンと知り合い、その「構造言語学」に触発されたのだ。

構造主義革命をもたらすことになる最初の考え方は、二つの大戦に挟まれた時期に、ロシア人言語学者ロマン・ヤコブソンを中心とするプラハ言語学サークルによって知らず知らずのうちに生まれた。このグループが〝構造〟という用語を実際に使いはじめたのは、一九二九年頃のことだった。（アミール・D・アクゼル『ブルバキとグロタンディーク』第10章）

ニューヨークに滞在中、レヴィ＝ストロースはヤコブソンの講義に参加し、民族学へのヒントを得たのである。彼はヤコブソンの『音と意味についての六章』（一九七六年）に序文を寄せ、次のように明言している。「構造言語学が私に教えてくれることになったのは、多様な諸項にまどわされることなく、諸項を結び合わせている、より単純な、より理解しやすい諸関係を考察することが重要である、ということである」。しかし、そもそもプラハ学派の言語学とは、いったいどのようなものだろうか。

プラハ学派が「構造言語学」を展開するとき、着目したのは文や単語ではなく、音声の最も基本的な単位、すなわち「音素」である。たとえば、「お金を出す」と「お金を足す」という二つの文を見てみよう。ここでは、意味を区別するのは、「出す（dasu）」と「足す（tasu）」であるが、さらに分解すれば、「d」と「t」ということになる。こうした「d」や「t」などが、音素である。こうした音素を取り出し、それが他の音素とどう関係するかを解明するのが、プラハ学派の言語学（「音韻論」）である。

注目しておきたいのは、ヤコブソンが音韻論を展開するとき、「音素を〈示差的な要素〉に分析し、それらの要素を一個ないし数個の〈対《つい》をなす対立（二項対立）〉に組織する」ことだ。たとえば、先ほどの「d」（「有声・歯茎・閉鎖」音）と「t」（「無声・歯茎・閉鎖」音）では、「有声か無声」という対立であるが、「足す」の「t」（「無声・歯茎・閉鎖」音）と「指す」の「s」（「無声・歯茎・摩擦」音）では、「閉鎖か摩擦」という対立である。こうして、ヤコブソンは「音素」を、二元的な対立にもとづく「示差的な要素」によって分析し、音素相互の体系的な関係を打ち立てた。

　ヤコブソンの音韻論はかなり徹底しており、あらゆる言語の音素の対立を、わずか一二組の「示差的な要素」の対立によって構成し、そこから「一般的法則」を構築しようとした。これについては、実証的な観点から批判も多いが、言語学における「構造主義」を理解するには、重要なポイントと言わなくてはならない。じっさい、レヴィ＝ストロースは、トルベツコイやヤコブソンの「音韻論」の意義を次のようにまとめている。

> まず第一に、音韻論は意識的言語現象の研究からその無意識的な下部構造の研究へと移行する。それはまた〔第二に〕項を独立した実体として扱うのを拒絶し、項と項との関係を分析の基礎とする。第三に、それは体系の概念を導入する。〔……〕最後〔第四〕に音韻論は一般的法則の発見を目的とする。
>
> （『構造人類学』「言語学と人類学における構造分析」）

そうだとすれば、言語学は民族学へと直ちにつながるのだろうか。ところが、レヴィ＝ストロースは、「音韻論の方法を原始社会学の研究に移入するには、まず最初の段階で一つの困難がある」（同前）と言う。レヴィ＝ストロースは構造言語学から大きな刺激を受け取ったけれども、それだけでは彼が抱えていた民族学の問題を解明することができなかったのだ。そこで、レヴィ＝ストロースは数学における「構造主義」に援助を求めることになる。

ブルバキ派の数学による解明

音韻論と同時に、レヴィ＝ストロースの構造主義に大きな影響を与えたのが、数学における「構造主義」である。これは特に、『親族の基本構造』において、明確に示されている。レヴィ＝ストロースは一九四三年に、フランスの数学者集団ブルバキ派の一人アンドレ・ヴェイユと接触し、複雑な婚姻規則を、数学的に解読してほしいと依頼した。そのころ、ヴェイユもまたレヴィ＝ストロースと同様アメリカに亡命中だった。

彼〔レヴィ＝ストロース〕はニューヨークでブルバキの創設者の一人アンドレ・ヴェイユと出会い、そのヴェイユが、群論を用いて人間の親族関係の規約体系を形式的に解読し、文化人類学におけるこの重要な問題が持つ内部構造を、数学的な群の構造として解き明かすことになるのである。

（『ブルバキとグロタンディーク』第10章）

タイプ	夫	妻
M_1	A	B
M_2	C	D
M_3	D	C
M_4	B	A

夫の所属	妻の所属	子どもの所属
A	B	D
C	D	B
D	C	A
B	A	C

表　カリエラ族の婚姻関係と子どもの所属

アンドレ・ヴェイユが『親族の基本構造』の補説として書いたものは複雑なので、もう少し簡単なカリエラ族の婚姻規則を見てみよう（ここでは、レヴィ＝ストロースの議論が再構成されている、山下正男の『思想の中の数学的構造』〔一九八〇年〕の記述を援用させていただく）。

カリエラ族では、人々は四つの集団のいずれかに属し、その属している集団によって誰と結婚でき、誰と結婚できないかが決まっている。また、生まれた子どもの所属も、親の結婚のタイプに応じて決まっている。具体的に考えるために、四つの集団をA、B、C、Dとすると、上の表のような婚姻関係（M：M_1, M_2, M_3, M_4）と子どもの所属が成り立っている。

しかし、こうした婚姻関係が、どうして数学的には「群の構造」として理解できるのだろうか。「群の構造」というのは、たとえばabcdのような文字列の順序の変換として考えると、具体的にイメージしやすい（ここでは、レヴィ＝ストロースの構造主義にかんして、早い時期に「群の構造」を論じた、マルク・バルビュの論文「数学における〈構造〉という言葉の意味について」を援用する）。

横の変換αを実線（⟷）、縦の変換βを破線（⟷）、斜め方向の変換γを波線（⟷）でそれぞれ表し、何も変換しないものをIで表すことにする。そうすると、四つの変換の乗積表が出来上がるが、これは「クラインの四元群」と呼ばれている（図1－2参照）。

四つの婚姻タイプをMで表し、その子の婚姻タイプまで考えて、(M_1, M_2, M_3, M_4)を親だけでなく、子ども（息子、娘）にまで適用してみると、次頁のような規則が明らかになる（図1－3参照）。つまり、カリエラ族の婚姻関係は、この「クラインの四元群」の構造をなしているのである。この規則から、親兄弟姉妹との「近親婚」や「平行イトコ婚」の禁止と同時に、「交叉イトコ婚」への指令であることが明らかになる。ここでは詳しく説明していくことができないけれども、一つずつ辿《たど》っていくと、それぞれが理解できると思う。

変換

α	abcdをbadcにかえる
β	abcdをcdabにかえる
γ	abcdをdcbaにかえる
I	何もかえない

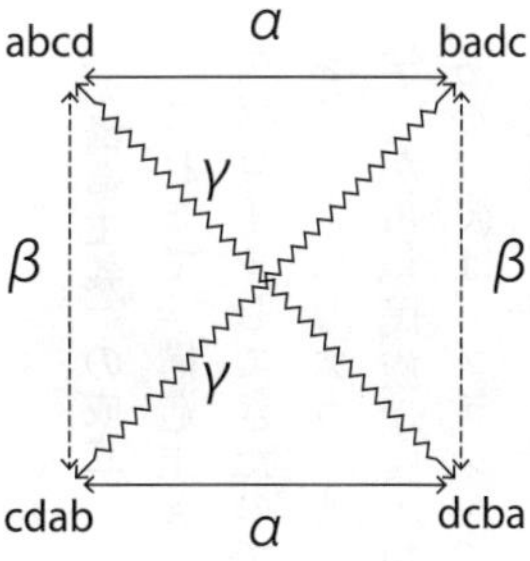

乗積表

	I	α	β	γ
I	I	α	β	γ
α	α	I	γ	β
β	β	γ	I	α
γ	γ	β	α	I

図1－2　クラインの四元群

結婚のタイプ

両親	M_i	M_1	M_2	M_3	M_4
息子	$f(M_i)$	M_3	M_4	M_1	M_2
娘	$g(M_i)$	M_2	M_1	M_4	M_3

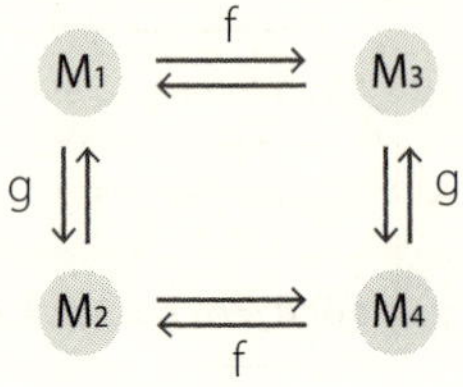

f：息子のタイプ　　g：娘のタイプ

図1－3　親と子どもの結婚のタイプ

「構造主義」の成立

これまで「構造主義」の成立をめぐって、三つの側面からアプローチしてきたので、最後に大事なポイントを確認しておくことにしよう。まず最初は、レヴィ＝ストロースが「哲学」から「民族学（人類学）」へと研究をシフトしたことである。彼は、ブラジルで先住民にかんするフィールドワークを実施し、民族学者としてのキャリアを積んでいった。しかし、ブラジルでの研究だけで「構造主義」が成立したわけではない。

民族学をバックグラウンドにしながら、レヴィ＝ストロースの「構造主義」は、アメリカのニューヨークにおいて成立する。その地で、彼は「構造言語学者」のヤコブソンと出会い、その音韻論を民族学に応用しようとした。ところが、その試みは、必ずしもうまくいかなかった。そこで、レヴィ＝ストロースは、民族学の膨大な資料を解明するため、数学における「構造主義」に援助を求めた。

偉大な文化人類学者であるクロード・レヴィ＝ストロースが、言語学者のロマン・ヤコブソンから学んだ構造を文化人類学へ応用しようとする。しかしそれには構造を支える数学的土台が必要で、それはブルバキによってもたらされる。〔……〕レヴィ＝ストロースとアンドレ・ヴェイユがニューヨークで出会ったことで、レヴィ＝ストロースの研究していた親族関係に関する難問が解決されることとなるのである。

（『ブルバキとグロタンディーク』第8章）

こうして、民族学（人類学）とヤコブソンの言語学とブルバキ派の数学が出会ったところに、レヴィ＝ストロースの構造主義が成立したのである。しかし、そのときレヴィ＝ストロースの「構造主義」とは、何を意味するのだろうか。

不思議なことに、「構造主義」という場合、一般にはそれが何を意味するのか、あまり理解されていない。よくある誤解は、「構造」という言葉のイメージに引きずられて、「個人を束縛する堅固なシステム」と考えることだ。しかし、「システム（体系）」が「構造」でないのは、二つの言葉の違いからも明らかであろう。レヴィ＝ストロースによれば、「構造はシステム〔体系〕、つまり一定の要素とそれら要素を繋《つな》ぐ関係によって構成される全体集合というものに還元できるものではありません」（『遠近の回想』）。そもそも、レヴィ＝ストロースは、「構造」をどう考えているのだろうか。

「構造」とは、要素と要素間の関係とからなる全体であって、この関係は、一連の変換過程を通じて不変の特性を保持する。

（『構造・神話・労働』）

構造というものを語り得るためには、いくつかの集合の要素と関係の間に、不変の関係が出現し、ある変換を通じて一つの集合から別の集合へ移れるものでなければなりません。

（『遠近の回想』）

「構造」にかんするレヴィ＝ストロースの定義で注目すべきは、「変換」という言葉である。システム（体系）の場合には、「変換は可能ではなく、変換されると崩壊する」。ところが、「構造」とは、まさに「変換」によって不変の関係を保持するのだ。しかし、この定義はまだ抽象的なので、具体的な事例にそって理解することにしたい。

Ⅱ　レヴィ＝ストロースの「構造主義」

「構造」の具体的な理解

『構造人類学』に収録された論文（「言語学と人類学における構造分析」）の中で、親族の基本単位として、四つの項（兄弟、姉妹、父、息子）と四つの関係（夫／妻、兄弟／姉妹、父／子、母方のおじ／その姉妹の息子）が挙げられている。そして、この関係を、なれ親しさの態度の違いによって、＋（親密）と－（冷淡）を用いて図で表すならば、次頁上段のような四種類が得られる、とされる。

レヴィ＝ストロースによれば、①から④の種類は、じっさいにも存在することが確かめられている。たとえば、①はメラネシアのトロブリアンド諸島、②はポリネシアのトンガ諸島、③はブーゲンヴィル島のシウアイ族、④はコーカサスのチェルケス族に存続する。ところが、こうした四種類を、＋と－の記号だけで表すと、じつは「クラインの四元群」を構成することが分かるのだ（図1－4参照）。

ここから明らかになるのは、それぞれの部族の親族関係は、一定の変換によって導き出せることである。しかも、こうした変換については、不変の規則を取り出すことが可能である。そこで、レヴィ＝ストロースの「構造」にかんする説明をもう一度見てみると、彼が何を念頭においているか理解できるだろう。レヴィ＝ストロースが「構造」を考えるときは、複数のシステム（体系）を想定し、一連の変換によってそれらを規則的に導出できる、と見なすのだ。

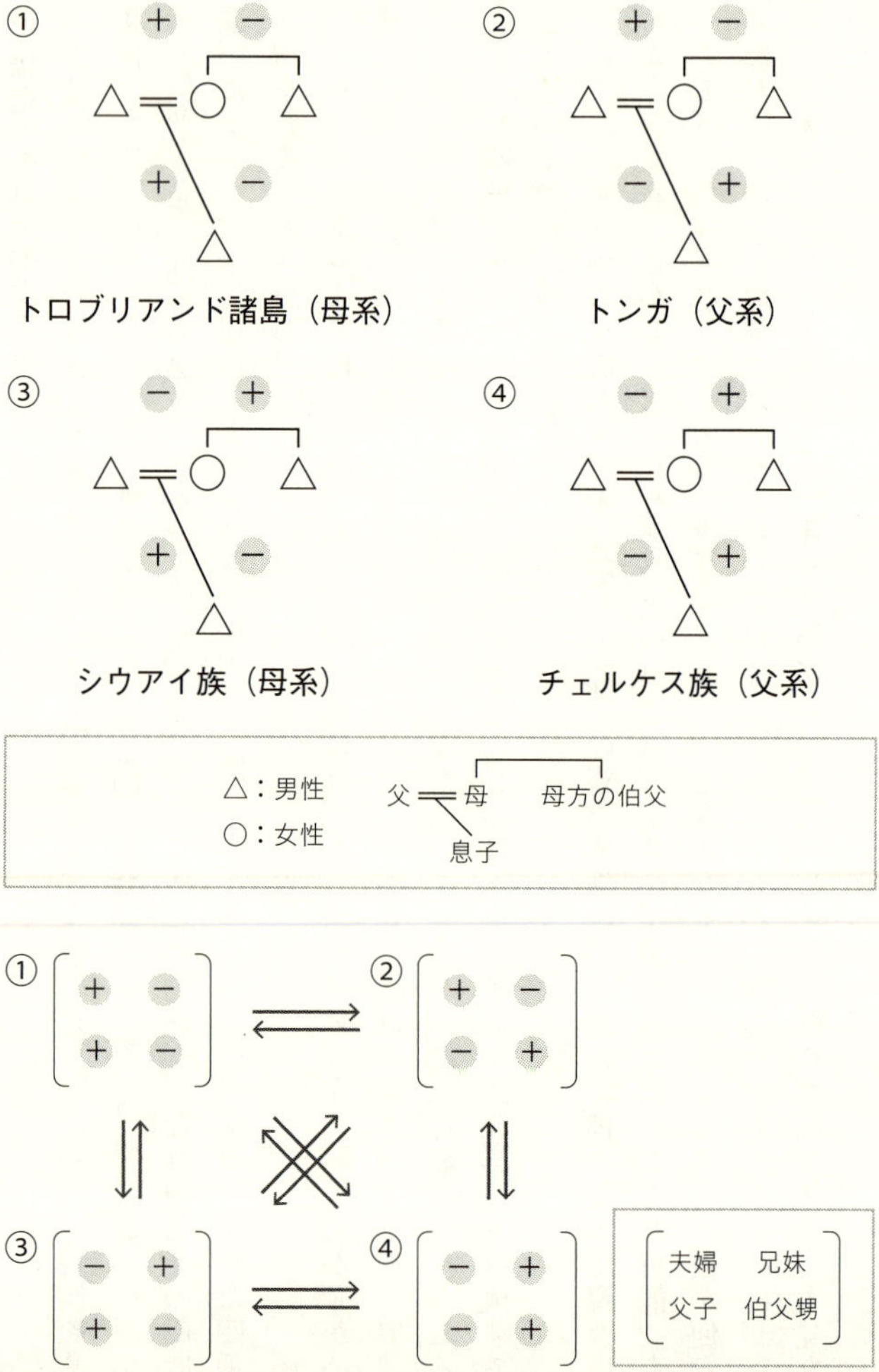

図1−4　親族関係の構造的モデル

したがって、構造主義にとって重要な概念は、個々の要素に先立つ関係やシステム（体系）ではなく、むしろ「変換」にこそあると言わなくてはならない。レヴィ＝ストロースは次のように明言している。「構造概念に関するあらゆる誤解、構造概念のあらゆる濫用は、その人が構造概念は変換概念を離れては考えられないということを理解しなかったという事実に原因を求めることができる」（『遠近の回想』）。しかし、こうした「構造」概念は、どこまで有効なのだろうか。レヴィ＝ストロースの「構造主義」がいかなる射程をもつのか、あらためて問い直さなくてはならない。

熱い社会と冷たい社会

レヴィ＝ストロースの「構造主義」を考えるとき、忘れてならないのは、それが民族学（人類学）の仕事として構想されていることだ。彼の仕事は、大別すると二つの分野にまとめることができる。一つは、親族関係のあり方を解明することであり、これは『親族の基本構造』において見事に実践された。もう一つは、さまざまな神話を分析することであり、その成果は大著『神話論理』として完成される。

こうした仕事はいずれも民族学（人類学）に属しており、考察対象としているのは一般に「未開」とか「野蛮」とか呼ばれた社会である。レヴィ＝ストロースは何よりもまず、文明社会では蔑まれてきた人々の地位を回復しようとした。『人種と歴史』という小冊子に、次のように書いている。

家族組織、および家族集団と社会集団の関係の調和に関する点で、経済の面では後れているオーストラリア先住民は、人類の爾余《じょ》のものにくらべてずっと進んだ位置を占めており、かれらによって意識的、反省的な形でつくられた規則の体系を理解するには、人類の爾余のものたちは現代数学のなかでももっとも洗練されたものに訴えなければならないのである。〔……〕かれらは、経験的観察の次元を超えて、体系を統御する数学的法則の認識にまで到達したのである。そこで、あらゆる社会学一般の定礎者というだけでなく、社会科学における準尺の真の導入者としてもかれらに敬意を表することは決して過大評価ではない。

（『人類と歴史』「停滞的歴史と累積的歴史」）

ここでレヴィ＝ストロースが語っているのは、親族関係が「群の構造」というブルバキ派の現代数学によって解明される、という事態である。今まで先住民の生活は、文明社会の人々にとっては、レベルの低いものだと見なされてきた。ところが、じっさいには、高度な現代数学によって解明されるような、複雑な家族組織を作り上げていたのである。したがって、いわゆる「未開社会」と「文明社会」は、知的レベルの差としては理解することができない。では、どう考えたらいいのだろうか。

『野生の思考』のなかでレヴィ＝ストロースは、その二つの優劣を暗示する言葉ではなく、むしろ評価とは離れて、「冷たい社会」と「熱い社会」という表現で説明する。ここで「冷たい－熱い」の違いは、「歴史的変化」に対する温度の違いと見なされている。

私はほかの所で、「歴史なき民族」とそれ以外の民族を分けるのはまずい区別であって、それよりも、私の話に都合のよい呼び方で言うなら「冷たい」社会と「熱い」社会とを区別する方がよかろうという考えを述べておいた。冷たい社会は、自ら創り出した制度によって、歴史的要因が社会の安定と連続性に及ぼす影響をほとんど自動的に消去しようとする。熱い社会の方は、歴史的生成を自己のうちに取り込んで、それを発展の原動力とする。

（『野生の思考』第八章「再び見出された時」）

レヴィ＝ストロースによれば、「冷たい社会」は、「その限定された成員数とその機械的な機能様態とによって、新石器革命の結果世界の各地に出現し、カースト、階級の分化が休みなく促されてそこから生成と精力とが抽出される《熱い》社会から区別される」（『今日のトーテミスム』）。こうした区別を使うならば、民族学者（人類学者）として、レヴィ＝ストロースの仕事は、まさに「冷たい社会」の構造分析に終始している、と言わなくてはならない。

「野生の思考」とサルトル批判

「冷たい社会」と「熱い社会」の対比を、レヴィ＝ストロースはさらに思考のあり方にも見《み》出《いだ》している。『野生の思考』は、サルトル批判によって有名になったが、その中心的な主題は「冷たい社会」の思考を「熱い社会」の思考との対比において捉え直すことにある。したがって、サルトル批判もまた、この文脈の中で展開されていることを、忘れてはならないだろう。

レヴィ＝ストロースによれば、サルトルは「未開人」に対する西洋「文明人」の偏見を引き継いでいる。社会学者のレヴィ＝ブリュールは『未開社会の思惟』などで、「未開人」の思考が文明人と異なるだけでなく、より劣った不合理な思考であると見なした。ところが、サルトルは、それ以上なのだ。

サルトルは思いがけぬ回り道をして、古くさい「原始心性」の理論家たちの錯覚に自らおちいっているのである。未開人が「複合的認識」をもち、分析や論証の能力をもつということは、サルトルには我慢がならぬことに思われるのである。その点ではレヴィ＝ブリュールなどにさらに輪をかけている。（『野生の思考』第九章「歴史と弁証法」）

レヴィ＝ストロースは、いわゆる「未開人」の神話やトーテミスムの分析によって、「冷たい社会」における思考を「野生の思考」と呼んで、その豊かな内実を描き出している。こうした「野生の思考」をレヴィ＝ストロースは、文明化された「栽培種化されたり家畜化された思考」よりも高く評価して、次のように述べている。

私にとって「野生の思考」とは、野蛮人の思考でもなければ未開人類もしくは原始人類の思考でもない。効率を昂《たか》めるために栽培種化されたり家畜化された思考とは異なる、野生状態の思考である。〔……〕野生の思考を規定するものは、人類がもはやその後は絶えて経験したことのないほど激しい象徴《シンボル》意欲であり、同時に、全面的に具体性へ向けられた細心の注意力であり、さらに、この二つの態度が実は一つのものなのだという暗黙の信念である〔……〕

（同前、第八章「再び見出された時」）

レヴィ＝ストロースは「野生の思考」を復権するために、まず、それが「われわれの思考」と共通であることを示している。神話や呪術、トーテミスムや生活スタイルなどを見ると、「未開人の精神的・技術的劣等性」を読み取る人がいるかもしれない。ところが、「野生の思考」は合理性を欠いているわけではない。レヴィ＝ブリュールを念頭に置きながら、彼は次のように語っている。

野生の思考はわれわれの思考と同じ意味において、また同じ方法によって論理的なのである。ただ、われわれの思考が論理性を発揮するのは、物理的属性と意味的属性を同時に認めた世界の認識に適用される場合に限られる。〔……〕野生の思考は（レヴィ＝ブリュールの言うように）情意性によって働くものではなく、悟性によって働くものであり、混同と融即によってではなく、弁別と対立を使って機能するのである。

（同前、第九章「歴史と弁証法」）

この点は、サルトルに対しても、言うことができる。サルトルは、『弁証法的理性批判』において、弁証法的な「全体化作用」を重視し、それにもとづいて理論を展開する。ところが、レヴィ＝ストロースによれば、「野生の思考は全体化作用をもつ」のである。とすれば、「野生の思考」に対するサルトル流の「弁証法」は、もはや優位性を失うのではないだろうか。

「野生の思考」と現代科学

それだけではなく、レヴィ＝ストロースはさらに、「野生の思考」こそが最も現代的で、重要であると考えている。『野生の思考』の最後は、物理学の最先端の情報理論をもちだして、それがまさに「野生の思考」と「同一平面」にあることを力説している。つまり、「野生の思考」は劣った迷信的心性であるどころか、現代科学の最先端と結びつくのである。

実際には、その〔未開人の世界とわれわれの世界との〕差異はむしろ彼ら〔未開人〕を現代の情報検索理論の専門家と同一平面におくものである。意味の世界が絶対的対象としての性格をことごとく備えたものであることが物理科学によって明らかにされたが、それによってはじめて、未開人が自分たちの世界を概念化する方法が斉合性を備えているということだけでなく、それが一般的に、不連続的複雑性を基本構造とする対象を処理するとき必ずとらなければならぬ方法なのだということが認められるに至ったのである。〔……〕科学精神は、そのもっとも近代的〔現代的〕な形において、科学精神のみに予見しえた出会いにより、野生の思考の原理の正当化とその権利の回復に貢献しうるものである。それを認めることはすなわち、野生の思考への忠誠をまもることにほかならない。

（同前、第九章「歴史と弁証法」）

こうして、レヴィ＝ストロースは「野生の思考」を、西洋近代の思考に対置させただけでなく、さらにはそれよりも優位にあることを強調したのである。「野生の思考」は劣った思考であるどころか、現代科学と軌を一にした、最も進んだ思考なのである。

ここには、レヴィ＝ストロースの基本的な姿勢が明確に示されている。彼は、未開社会の親族関係を分析するとき、ブルバキ派の数学の助けを借りて「群の構造」を見出した。これを彼は、「現代数学のなかでもっとも洗練されたもの」と呼んでいる。それと同様に、未開社会の「野生の思考」は、現代科学の情報検索理論と「同一平面」に立つ、と言われている。つまり、数学や科学の最も現代的な理論と、未開人の世界は結びつく、というわけである。

今まで、西洋近代の「文明人」は「民族中心主義」のもとで、未開社会やその思考を劣ったものだと見なしてきた。ところが、レヴィ＝ストロースはむしろ、「野生の思考」が西洋近代よりも進んでおり、現代数学や現代科学によってはじめて解明されるほど、レベルが高いことを力説したのである。

Ⅲ「構造主義」の射程

サルトル批判は有効か

『野生の思考』の最終章において、サルトル批判を展開することによって、レヴィ＝ストロースは一躍フランス思想界の新たなスターとなった。たしかに彼が、『悲しき熱帯』や『構造人類学』を出版したとき、当時の思想界で中心をなしていたのは、まだサルトルだった。サルトルは、「主体性の哲学」としての「実存主義」を掲げて、第二次世界大戦後のフランス思想界を牽引してきた。ところが、このサルトルに、辛辣《しんらつ》な批判を加えたのが、レヴィ＝ストロースである。

サルトルについて言えば、それ以前にも、数多くの論争を展開してきた。そのなかでも、カミュやメルロ＝ポンティとの論争は有名であろう。そうした論争は、ある意味では、サルトルにとって盛名の契機になった、と言えるかもしれない。ところが、レヴィ＝ストロースとの論争では、今までと勝手が違っていたのである。サルトルは、レヴィ＝ストロースから批判されることによって、しだいに社会的な影響力を失ったからだ。それに代わって、フランス思想界では、レヴィ＝ストロースの提唱する「構造主義」がいわば流行となっていく。

こうした流れは、フランス現代思想史にとっては、いわば常識にもなっている。しかし、レヴィ＝ストロースの批判によって、サルトルの議論は完全に意味をなくしてしまったのだろうか。そもそも、レヴィ＝ストロースのサルトルへの批判は、いったいどこまで有効なのだろうか。こうした問いは、すでに解決済みとして、ほとんど問われないが、一度は問題にしておく必要があるだろう。

レヴィ＝ストロースが『野生の思考』のなかでサルトルを批判したのは、『弁証法的理性批判』（一九六〇年）に対してであった。ところが、サルトルのほうは、この書でレヴィ＝ストロースをきわめて高く評価している。サルトルは、『親族の基本構造』を取り上げて、「見事な解明」とか「重要な寄与」といった賛辞を送っている。サルトルは、レヴィ＝ストロースに対して、表立った批判をしていない。それに比べて、レヴィ＝ストロースのサルトル批判は、きわめて厳しいと言わなくてはならない。いったいどうしてだろうか。

レヴィ＝ストロースのサルトル批判では、「未開人」への偏見に満ちた眼差《まなざ》しが槍玉《やりだま》にあげられていた。「サルトルが安易な対比をたくさん重ねて未開人と文明人との間の区別を強調するのは、彼が自己と他者の間に設定する基本的対立を、ほとんどそのまま反映している」（同前）。しかし、じっさいに『弁証法的理性批判』を見てみると、「未開人」をどう評価するかは、ほとんど問題になっていない。そのため、レヴィ＝ストロースの激しい口調にもかかわらず、サルトルにとっては見当違いに感じただろう。

では、二人の間で、いったい何が本当の問題だったのだろうか。サルトルが『弁証法的理性批判』のなかで、レヴィ＝ストロースを賞賛したとき、彼はレヴィ＝ストロースの親族関係論を自分の「弁証法的理性」の内に取り込もうとした。サルトルの論理でいえば、出発点となるのは、主体的な個人の実践である。それが次に疎外されて「実践的＝惰性態」となり、さらに最後に個人がその疎外から自分の自由を回復する、という過程となる。そのときサルトルは、レヴィ＝ストロースの親族関係論を、疎外された「実践的＝惰性態」として位置づけたのである。

私〔レヴィ＝ストロース〕が民族学にあらゆる探究の原理を見出したのに対し、サルトルにとっては民族学が、乗り越えなければならぬ障害、粉砕すべき抵抗という形で問題を作り出すものとなるのは納得できる。なるほど、人間を弁証法によって定義し、弁証法を歴史によって定義したとき、「歴史なき」民族はどういう扱い方ができるのか？
（同前、第九章「歴史と弁証法」）

しかし、「未開社会」の親族関係論を、はたしてサルトルの「弁証法的理性」のうちに取り込むことが可能なのだろうか。個人の実践から出発するサルトルの論理（疎外論）は、〝革命的な志向を失った現代人に、どうやって実践的な主体性を回復させるか〟という観点から構想されている。その意味では、きわめて近代的な発想にもとづいている、と言えるだろう。とすれば、レヴィ＝ストロースが分析した「未開人」の社会は、サルトルの論理の外にある、と考えなくてはならない。この点では、レヴィ＝ストロースのサルトル批判は、きわめて有効だと言ってよい。

とはいえ、レヴィ＝ストロースの批判によって、サルトルが解明しようとした問題が解決するわけではない。サルトルは革命勢力の退潮という現実を前にして、それをいかに打破するかという観点から、『弁証法的理性批判』を書いている。サルトルは、「現代の疎外された状況をどのようにして乗り越えるか」と考えている。しかし、この問題は、レヴィ＝ストロースの思考圏の枠外にある。

そうだとすれば、レヴィ＝ストロースがサルトルを批判したとしても、サルトルの問題にレヴィ＝ストロースが答えたわけではないだろう。したがって、レヴィ＝ストロースから批判されたとき、サルトルが納得できたとは思えない。サルトルが提起した問題は、解決されることなく、時代は一挙に構造主義の時代へと移っていくのである。

デリダによるレヴィ＝ストロース批判

『野生の思考』の論争によって、レヴィ＝ストロースは「構造主義の巨匠」として、サルトルに代わって思想界に君臨するようになった。多くの思想家たちが、レヴィ＝ストロースの周りに集まり、雑誌では「構造主義」の特集が組まれるようになった。ところが、レヴィ＝ストロースがサルトルに対して行なったのと同じような批判を、やがてレヴィ＝ストロース自身が受けることになる。

フランスの思想界で「構造主義」が絶頂期を迎えるころ、ジャック・デリダがレヴィ＝ストロース批判を展開したのである。一九六七年に出版した二つの書物（『グラマトロジーについて』『エクリチュールと差異』）のなかで、デリダはあろうことか、レヴィ＝ストロースを「民族中心主義者」として批判した。たとえば、『エクリチュールと差異』では、レヴィ＝ストロースを想定しながら、次のように言われている。

民族学者の意図に関係なく、また、このことは民族学者の決断にも依存しないのだが、彼がまさに民族中心主義を告発する瞬間に、彼は自分の言説のなかで、民族中心主義の諸前提を受け入れてしまうのである。かかる必然性を避けることはできない。

（『エクリチュールと差異』「人間科学の言説における構造、記号、遊び」）

この評言は、レヴィ＝ストロースにとっては、まさに寝耳に水だったのではないだろうか。なぜなら、彼ほど「未開人」に対する西洋の偏見（西洋の「民族中心主義」）を批判した人はいなかったからだ。『悲しき熱帯』のなかで、レヴィ＝ストロースはいわゆる「未開」の人々に対して愛情に満ちた表現（「人間的優しさ」、「測り知れぬ寛容さ」）を使う一方、西洋人である自分に対する批判的観点をくりかえし語っている。それに対して、デリダは『グラマトロジーについて』のなかで、次のような疑問を提出する。

すでに疑わしいことは――そしてレヴィ＝ストロースのあらゆるテクストがそれを裏付けるであろうが――『悲しき熱帯』の著者にはいつものおなじみの民族中心主義の批判が、たいていの場合、他者を根源的で自然的な善良性のモデルに仕立て上げ、みずからを弾劾、卑下し、反＝民族中心主義的な鏡の中で自身の〈許し難い＝存在〉を展示するという役割しか果していないのではないか、ということである。

（『グラマトロジーについて』第二部第一章）

ここでは、デリダ自身の思想について触れることはしないが、彼の批判的な論点は明らかだと思う。レヴィ＝ストロースは、西洋人の「民族中心主義」を厳しく批判して、「野生の思考」の素晴らしさを顕揚している。彼がサルトルを批判したのも、この文脈で理解しなくてはならない。ところが、この「反＝民族中心主義」そのもののうちに、デリダは西洋人の「民族中心主義」を嗅ぎ分けたのだ。こうしてデリダは、レヴィ＝ストロースの「構造主義」に対して、次のような宣告を下すにいたる。

西欧的思想分野、とくにフランスにおいては、支配的な言説――「構造主義」と呼んでおこう――は、今日なおその階層化のあらゆる層、しばしば最も生産的な層において、性急にもそれが形而上学を「のりこえた」と自称するまさにその時に、本当の形而上学――ロゴス中心主義――の中に相変らずとらえられたままなのだ。

（同前、第二部「「ルソーの時代」への序論」）

こう語ったとき、デリダがヘーゲルやマルクスの有名な言葉――「ヘーゲルはどこかで、すべての偉大な世界史的事実と世界史的人物はいわば二度現れる、と述べている。彼はこう付け加えるのを忘れた。一度は偉大な悲劇として、もう一度はみじめな笑劇として、と」(『ルイ・ボナパルトのブリュメール一八日』)――を意識していたかどうかは分からない。しかし、デリダの批判が、レヴィ＝ストロースのサルトル批判を見事に繰り返しているのは、間違いないだろう。

神話論理の問題性

レヴィ＝ストロースへの批判は、彼の仕事の内容にも向けられるかもしれない。レヴィ＝ストロースは初期の「親族構造」の分析の後で、「神話の構造」の分析へ向かっていった。その仕事は、六四年から始まり七一年にかけて完成され、『神話論理』四巻として読むことができる。婚姻や親族関係の分析の場合には、先行研究の蓄積があったので、レヴィ＝ストロースはそれらを利用しながら、ブルバキ派の数学の助けを借りて、画期的な「構造主義人類学」を確立した。

ところが、「神話」の研究においては、状況がまったく異なっていた。レヴィ＝ストロースは最初から仕事を始めなくてはならなかったのである。こうして、レヴィ＝ストロースは、世界のさまざまな神話を収集して、それらを以前と同じく数学的に解明しようとした。その意図は、神話研究に向かい始めたころの論文によく現れている。『構造人類学』に収められた「神話の構造」(一九五五年)のなかで、彼は次のように語っている。

この構造分析の方法を体系的に適用するならば、ある神話の既知のすべてのヴァリアント〔異文〕を、一種の置換群をなす系列に並べることができ、系列の両端に置かれるヴァリアントは、たがいに他に対して対称的だが逆転した関係を示す。こうして、一切が混沌にすぎなかった場所に秩序の発端が導入され、加えて、神話的思考の根底にある或る論理的操作をとり出す利点が得られる。

（『構造人類学』「神話の構造」）

レヴィ＝ストロースは、時間と場所が遠く隔たった神話を集めて、神話のヴァリエーション（M_1, M_2, M_3, M_4…）となるものを一つの全体とみなす。また、それぞれの神話を、構成単位となる「神話素」にまで分解し、その神話素の関係によって全体を理解していくのである。そのとき彼は、親族関係の場合と同じように、数学的な「群の構造」が成り立つと考えている。

ヴァリアント〔異文〕の完全な系列を、置換群の形に配列することが成功すれば、群の法則を発見することも期待できる。〔……〕あらゆる神話（そのすべてのヴァリアントの総体とみなされた）が次のような型の標準的関係に還元されるということは、いまや既得成果であるように思われる。

$$Fx\,(a) : Fy\,(b) \simeq Fx\,(b) : F_{a\text{-}1}\,(y)$$

この式では、二つの項aとb、およびこれらの項の二つの関数xとyが同時にあたえられ、項および関係の逆転によってそれぞれ定義される二つの状況が等価関係にあるとされる。（同前）

ここでレヴィ＝ストロースは、「神話」にかんしても、数学的な「群の構造」が成り立つと考え、数学的な定式化を与えているように見える。とすれば、親族関係の分析と同じように、神話の分析も理解できるのだろうか。

構造主義から構造主義的思想へ

しかしながら、この主張には、多くの批判がなされてきた。たとえば、日本でレヴィ＝ストロースの親族関係論を、「群の構造」としていち早く説明した山下正男は、『思想の中の数学的構造』において、次のように明言している。レヴィ＝ストロースは、「親族関係だけでなく、神話や芸術の領域にまで構造を見いだすことに努めた。しかしその場合の構造は、けっして数学的構造ではなくもっとゆるい意味での構造だったのである」。

とすれば、神話においては、親族関係にかんして示されたような、厳密な数学的構造は成立しないのではないだろうか。この点は、レヴィ＝ストロース自身よく自覚していたようで、彼の『神話論理』の最初（第一巻『生のものと火を通したもの』）と最後（第四巻『裸の人』）において、同じような弁明が述べられている。

本書で使う論理学や数学ふうの記号について簡単に説明する。それらをあまり厳密な意味で受け取らないでいただきたい。わたしの使う式と数学者の使う方程式のあいだにある類似は、まったく表面的なものである。これらの式はアルゴリズムを適用しているのではない。〔……〕私が数学から借用した記号を使って式を書くのは、〔……〕なにかを証明するためではなく、まず輪郭を示して、言葉での論述を準備するためであり、〔……〕

（『生のものと火を通したもの』「序曲」）

ここで明言されているのは、神話論で示された「数学ふうの記号」が、厳密な意味での数式ではなく、あくまでもレトリックにすぎないということである。この点は、『野生の思考』の訳注でも述べられている。「データの計量的処理と、構造の数学的性質を説明することと、定式化のために数学の概念をメタフォール的に使うことと、人類学の理論方法確立のためにエピステモロジーの次元で数学をモデルにすることとは、密接な関係はあっても混同はできない」。

しかし、厳密に証明したり論証したりするためではなく、レトリックのためにわざわざメタファー的に数式を使う必要があるのだろうか。それは数式を使って厳密にするはずの議論を、むしろ曖昧化するだけではないだろうか。じっさい、レヴィ＝ストロース自身こう語っている。「式の役割は、詳細な記述の代わりをするものではなく、単純化したかたちを借りて、記述したいことを示すことであるが、そのようなやり方をあるひとびとは、余計であると考え、曖昧さの上に曖昧さを重ねて、本来の論述を不明瞭にしていると非難することであろう」（『生のものと火を通したもの』）。

こうしたレヴィ＝ストロースの弁明に、はたして説得力があるかどうかは別にして、一つのことは確かだと思われる。彼が親族関係論で確立した「構造主義」は、厳密な数学的な論証から、レトリカルな「構造主義的思想」へと変わり始めている。しかし、皮肉なことに、レトリカルに数学を利用する「構造主義的思想」こそが、その後メディアで脚光を浴びることになる。

第2章　構造主義的思想家たちの興亡
——ラカン・バルト・アルチュセール

構造主義的思想家とソシュール言語学

レヴィ＝ストロースがサルトルを批判し、思想界の主役交代を強く印象づけたことによって、「構造主義の時代」が始まった。レヴィ＝ストロースのほかに、新たな「構造主義者」たちが次々と登場し、熱狂的なブームを引き起こしていく。そのなかで、ひときわ目をひいたのが、ジャック・ラカン、ロラン・バルト、ルイ・アルチュセール、ミシェル・フーコーなどである（フーコーについては、第3章で主題的に取り扱うことにする）。彼らは、メディアで「五人の構造主義者」ともてはやされ、あたかも一つの学派のように取り扱われた。本書では「プロローグ」でも述べたように、「構造主義」から「ポスト構造主義」への展開を「構造主義的運動」と呼び、それに合わせて本章で取りあげる思想家を「構造主義的思想家」と呼ぶ。

ところが、「こうした思想家たちに共通の考え方があるか？」と問えば、その答えは必ずしもハッキリしていない。研究分野はそれぞれ異なっており、精神分析・文芸批評・マルクス主義・知の歴史といった具合である。そのため、彼らを一つの学派と考えるのは、どだい無理があるように思われる。それにもかかわらず、どうして同じように「構造主義者」と呼ぶのだろうか。

それを理解するカギは共通の由来にある、と言えるかもしれない。じっさい、『構造主義の歴史』のなかで、ドッスは次のように書いている。

構造主義はひとつの方法以上のものであったが、かといってそこにひとつの哲学といいうるものが存在しているわけではなかった。〔……〕しかし一方では、堅固な核というべきものも、たしかに存在していた。そこには現代言語学というモデル、およびその創始者フェルディナン・ド・ソシュールの像が、共通の後ろ楯《だて》としてきまって姿を見せているのだ。ソシュールへの回帰というテーマがこうしてあまねく時代を支配し、「……への回帰」（フロイトへの、マルクスへの）というさらに一般的な動きと合流する。

（『構造主義の歴史』第一部）

たしかに、ラカンやバルトは、たびたびソシュールに言及し、「シニフィアン（意味するもの）」、「シニフィエ（意味されるもの）」、「シーニュ（記号）」といったソシュール特有の概念を利用している。また、アルチュセールやフーコーにしても、ソシュールに直接言及することは少ないが、ソシュール的な概念を使っているのは明らかである。そのため、一般にソシュールが「構造主義の始祖」と見なされるようになったとしても、不思議はない。だがしかし、構造主義とソシュール言語学の関係には注意すべき点があって、それを無視すれば構造主義の誤解に導かれるだろう。

その一つは、一九五〇年代のフランスでは、「言語学がまだ依然としてきわめて周辺的な存在にとどまっており、確固たる学問的・制度的正統性をもつにいたらなかった」(同前)ことである。今から考えると想像できないかもしれないけれど、フランスにおいてソシュールの言語学は、構造主義の流行以前には、その意義が見出《みいだ》されていなかったのである。ソシュール言語学は、六〇年代には人間諸科学のいわば「パイロット・サイエンス」のように見なされたとしても、それは「構造主義」の力によるところが大きいのだ。

もう一つは、ソシュールの言語学が構造主義の核となることによって、「構造」の意味が変化したことである。第1章で述べたように、ソシュールの『一般言語学講義』では、「構造」という言葉は、ほとんど使用されていない。それに対して、「体系(システム)」という言葉は、何度も使われている。そして、この「体系」が「構造」と読みかえられていくわけである。そのきざしは、すでに「構造言語学」の成立期からあったようだ。たとえば、一九二八年にオランダのハーグで開催された「第一回国際言語学者会議」の様子を伝えた次の記述を見ると、その経緯が理解できるだろう。

構造主義のプログラム起草に先鞭《せんべん》をつけたのは、なんといってもモスクワ〔ヤコブソンやトルベツコイ〕とジュネーヴ〔ソシュールの弟子たち〕だったわけである。しかも「構造主義」という言葉は、まさしくこの会議の席ではじめて用いられているのだ。用いた人物は……ヤコブソンであった。ソシュール自身が用いていたのはもっぱら体系という言葉だが、その使用回数はかなりの数に達し、およそ三〇〇ページからなる『講義』のなかで実に一三八回にもおよんでいる。

（『構造主義の歴史』第一部）

こうして、ソシュールの言語学は「構造言語学」と呼ばれるようになり、その「構造」は「変換」によってではなく、「体系」として理解されるようになった。ソシュールの「差異（示差性）の体系」が、「構造」を理解するときのモデルになったのである。レヴィ＝ストロースとは違って、他の構造主義的思想家たちが、「構造」や「構造論」について語るとき、「項と項の関係」を強調し、「システムと個人」を問題にするのは、こうした事情によるのだ。構造主義的思想家にとって、「構造」は「体系（システム）」にほかならない。この点において、レヴィ＝ストロースの「構造主義」からの離脱が始まっている、と考えたほうがいい。

I　フロイトへの回帰と構造主義——ラカン

構造主義以前のラカン

構造主義的思想家のなかで、最初にジャック・ラカン（Jacques-Marie-Émile Lacan）を取り上げることにしよう。というのも、彼は「構造主義者」のなかで、最も早い世代に属しているからだ。彼は一九〇一年の生まれなので、レヴィ＝ストロース（一九〇八年生まれ）よりも、サルトル（一九〇五年生まれ）よりも年長である。その点では、ラカンをサルトル以後と考えることはできない。ラカンとサルトルとレヴィ＝ストロースは、同じ時期に、それぞれ違った道を歩みはじめたと言ったほうがよい。

ラカンは最初、哲学を学んでいたが、その後専攻を変えて精神科医となっている。彼の基本的な姿勢は「フロイトへの回帰」であり、その方針にもとづき独自の視点から精神分析学を解明した。そのため、ラカンは精神分析学会のなかで何度も対立を引き起こし、死の直前まで分派活動を行なっている。彼の生前に刊行された著作としては、ほとんど『エクリ（書かれたもの）』（一九六六年）だけと言えるだろう。現在では、生涯にわたって行なわれたセミナーの記録『セミネール』が、順次公刊されている。

初期のころ、ラカンはヘーゲル哲学の影響のもとで、フロイトに忠実な精神分析学を構築しようとした。ロシアからフランスに亡命中の哲学者アレクサンドル・コジェーヴが、一九三〇年代にパリ高等研究学院でヘーゲル『精神現象学』の講義を行なっているが、ラカンはその講義を熱心に聴講したのである。コジェーヴの講義は『精神現象学』全体を、「自己意識」論にもとづいて理解するものであった。コジェーヴの理解によると、人間は「自己意識」に本質があり、対象＝他者のうちに自分自身を見出そうとする。

こうした視点を精神分析学に導入したのが、ラカンの「鏡像段階論」である。「鏡像段階論」というのは、一歳前後の幼児が、鏡に映った像を見て、それ（鏡像＝対象・他者）が自分自身であることに気づく過程を再構成したものだ。ラカンによると、人間の幼児は、「道具的知能」という点ではチンパンジーに劣っているにもかかわらず、それとは違って、鏡の像を自分自身として認知することができる。

ラカン

ラカンがこの考えを発表したのは一九三六年であるが、注意したいのは、この時期がコジェーヴのヘーゲル講義と重なっていることである。ラカンはおそらく、ヘーゲルの「自己意識」「鏡像段階論」論にかんするコジェーヴの解釈を聴講しながら、「鏡像段階論」を形成したのではないだろうか。しかし、残念ながら、その原稿は残っていないので、現在のところ『エクリ』に収録された「〈私〉の機能を形成するものとしての鏡像段階」（一九四九年）を確認するはかない。それでも、この論文を見ると、ラカンの意図がどこにあるのか、うかがい知ることができる。冒頭部分で、彼は次のように表明している。

> 今日はとりわけ、精神分析がわれわれにあたえる経験のなかでこの鏡像段階が「私」の機能について明らかにしているところを考えてみたいと思います。この精神分析の経験はわれわれを〈コギト〉から直接由来するすべての哲学に対立させるものだと言わねばなりません。
>
> （『エクリI』）

ここで〈コギト〉というのは、デカルトが「コギト・エルゴ・スム（われ思う、ゆえにわれあり）」と言うときの「われ思う」であり、デカルト以後の西洋近代思想の原理となってきた。また、サルトルの実存主義も、この〈コギト〉から出発しているのは、サルトル自身が明言している。そのため、ラカン自身も、この論文の最後のほうで、サルトルの「存在と無についての現代哲学」を批判している。このように見ると、ラカンの立場が、サルトルを典型とした近代的な発想を批判することにあることは明確であろう。この論点は、ラカンの思想全体を貫く原理と言ってもよい。

〈コギト〉の哲学では、「私」こそが最も明証的であって、その他は「私」から導き出されなくてはならない。それに対して、「鏡像段階論」は、「私」が決して直接に与えられるわけではなく、むしろ他者を媒介にしてはじめて可能になる、と主張する。つまり、「他者を経由して自己に至る」わけである。これはまさに、ヘーゲルの自己意識論の構図にほかならない。

精神分析における構造主義

ラカンが「鏡像段階論」を提唱したのは一九五〇年以前であって、そのころはまだ「構造主義者」ではなかった。その後、レヴィ＝ストロースと交流するようになって、ラカンも一気に構造主義的思想へと舵《かじ》を切り始める。その一つが、ソシュール言語学への着目である。レヴィ＝ストロースは当初、ヤコブソンの言語学（プラハ学派）を参考にしながら「構造人類学」を構築していった。しかし、レヴィ＝ストロースもその後、ヤコブソンによる「構造言語学」の源流として、ソシュールの言語学に逢着《ほうちゃく》している。

それと同じく、ラカンもソシュール言語学を、自分の思想のなかに組み込んでいった。そのあたりの事情は、一九六四年のセミネール『精神分析の四基本概念』を見るとよく分かるだろう。ラカンは、フロイトの「無意識」を、ソシュールの「言語活動」やレヴィ＝ストロースの「野生の思考」と結びつけて理解し、次のように語っている。

ここにいらっしゃるほとんどの方は、私が「無意識は一つのランガージュ〔言語活動〕として構造化されている」と言ったことはご存じでしょう。この定式はフロイトの時代に比べればはるかに接近しやすくなったある領野に関係しています。この定式を、確実に科学的と言える平面で具体化されたもの、つまりクロード・レヴィ＝ストロースが切り開き構造化し築いたあの領野、彼が「野生の思考」と名づけたあの領野によって説明しましょう。〔……〕

我われの時代は一つの科学が形成されつつある時代です。その科学は、人間科学と呼ぶこともできますが、すべての心理学、社会学とはきっぱりと区別されるべき科学、すなわち言語学です。そのモデルは、前主体的な仕方で勝手に一人で作動する順列組み合わせです。こういう構造こそが無意識にその境位を与えてくれるのです。

（『精神分析の四基本概念』）

かつて、レヴィ＝ストロースは、「構造主義が可能なのは言語学と民族学だけである」と述べたことがあった。ところが、ラカンはそれに、「精神分析学」を付加しようとしたのである。ただし、ここでラカンがソシュール言語学に注目するとしても、それはあくまで、ラカン流に色づけられている。

そのときポイントになるのが、「シニフィアン－シニフィエ」という有名な一対の概念である。これは、「意味するもの‐意味されるもの」とか、「記号表現‐記号内容」などと訳されるが、たとえば「イヌ」という音声（シニフィアン）を聞いて、イメージされるものがそのシニフィエである。ソシュールの場合、この両者はメダルの表裏のように一体であり、シニフィエのほうがシニフィアンに先行している。

ところが、ラカンはこの関係を、まったく別の形で理解しようとする。「S（シニフィアン）／s（シニフィエ）」という分数を示しながら、ラカンは次のように説明している（ラカンの『エクリ』の邦訳はかなり古いので、引用に際しては若干用語を変更して表記することにしたい）。

ところで、シニフィアン〔記号表現〕の構造は、一般に言語についてそう言われるように、それが分節されることにあります。

その意味はこうです。シニフィアンのひとつひとつの単位は、この単位から発して相互の侵蝕《しんしょく》や増大する合一を描き出そうとするのですが、結局は、最後の示差的な諸要素に還元されることと、閉じた秩序の諸法則に従って単位を構成していくこととの二重の条件に従っている、というのです。〔……〕

シニフィアンが閉じた秩序の諸法則に従って構成されていくという第二の特徴によって、トポロジー〔位相〕的な基盤の必然性が明らかにされますが、これについては、私がいつも使っているシニフィアンの連鎖という用語が、そのおおよそのところを示しています。つまり、その鎖がいくつかの輪でできた、もうひとつの鎖の輪に接着している輪です。

（『エクリⅡ』）

ラカンによると、ある一つのシニフィアンは他のシニフィアンと、鎖のようにつながりながら、閉じた秩序を構成している。そうした「シニフィアンの連鎖」を捉えることが、ラカンの構造主義的な精神分析なのである。ラカンの理解では、フロイトが『夢解釈』（一九〇〇年）で行なったことは、まさにこうした分析にほかならない。

象徴的秩序としての「大文字の他者」

フロイトの「無意識」を「言語活動」として理解することによって、いったいどのような視野が開かれるのだろうか。一九五三年のローマ講演「精神分析における言葉《パロール》と言語活動《ランガージュ》の機能と領野」のなかで、ラカンは「想像界（想像的なもの）」、「象徴界（象徴的なもの）」、「現実界（現実的なもの）」という有名な三概念を提示している。このなかで、「象徴界」と呼ばれるものが、言語活動によって構造化された秩序を示している。

注目したいのは、ラカンが象徴的な秩序を提示するとき、レヴィ＝ストロースの「親族構造」やフロイトの「エディプス・コンプレックス」を想定していることである。これらは、いずれも社会的な秩序や規則を形成している。この点を念頭に置くと、ラカンが難解な表現で語っていることも、その言わんとすることは理解できるように思われる。たとえば、次のように語られている。

人間は話すのだが、それは、象徴というものが人間を人間という名のものにしたからなのである。もし実際に、あり余る能力を持つ人々が他者を集め、その他者は人々によく知られるようにしむけられるとする。この場合、共同体を構成する自然発生的集団の生活は、姻族契約の規則の下に置かれるが、この規則は、女性交換が行なわれることを意味する〔……〕。姻族契約には一種の特権的秩序が支配するが、その秩序の持つ法は親族的な名を含むものであり、その集団に対しては、言語活動のようにその形式は命令的であるが、その構造は無意識的である。〔……〕エディプス・コンプレックスとは、〔……〕主体が姻族の複合した構造の運動に無意識的に加入していることについて知り得ることなのである〔……〕（『エクリⅠ』）

レヴィ＝ストロースは、未開社会で「近親婚」がどう回避されるかを分析し、その規則を解明した。この近親婚の禁止は、フロイトの精神分析では「エディプス・コンプレックス」として定式化されている。これらはいずれも、社会の「掟」ないし「法」として、個々人に遵守するよう命じている。この事態は、言語のあり方と類比的である。人間は、こうした象徴的な秩序のうちに生まれ、それを自分のうちに組み込んでいくのだ。

その意味で、象徴的な秩序は個々人にとって超越的だと言えるだろう。そこで、こうした象徴的な秩序を表現するために、ラカンは「大文字の他者（Autre）」という概念を使うようになる。ただし、「大文字の他者」といっても、個々人（「小文字の他者」）からまったく隔絶されているわけではなく、むしろ個々人のうちに浸透し、そのうちで作動している。その点は、言葉を語ったり、聞いたりするとき、個々人のうちで何が起こっているのか考えると明らかになる。

無意識は「大文字の他者の（*de*）語らいである」、というわれわれの公式では、*de*（〜の）を、ラテン語の（対格的限定作用をもつ）*de* の意味に理解しなくてはならない。〔……〕しかし同時に、人間の欲望は、「大文字の他者の（*de*）欲望である」、と付け加えよう。ここでは、*de* が文法学者が「主格的規定」と呼ぶものを提供している。すなわち人間は、「大文字の他者」として欲望する。

（『エクリⅢ』）

この引用箇所でラカンは、個々の人間と「大文字の他者」との関係を、二つの観点で説明している。人間の「無意識」は、「大文字の他者についての語らい」である（「大文字の他者

ソシュール　　　　　　　　ラカン

$$\frac{\mathrm{SE}\ (\text{シニフィエ})}{\mathrm{SA}\ (\text{シニフィアン})} \longrightarrow \frac{\mathrm{S}\ (\text{シニフィアン})}{\mathrm{s}\ (\text{シニフィエ})}$$

$$\longrightarrow \text{変形}\quad f(\mathrm{S})\frac{\mathrm{I}}{\mathrm{s}}$$

$$\text{換喩}\quad f(\mathrm{S}\cdots\cdots\mathrm{S}')\,\mathrm{S} \cong \mathrm{S}(-)s$$

$$\text{隠喩}\quad f\left(\frac{\mathrm{S}'}{\mathrm{S}}\right)\mathrm{S} \cong \mathrm{S}(+)s$$

シニフィアンの優位

＝対象」）と同時に、「大文字の他者が欲望する」ものでもある（大文字の他者＝主体）。言いかえると、「大文字の他者」は、人間にとって語らいの対象であるとともに、それを駆動させる主体でもある。

科学的なレトリックは有効か

このように見ると、ラカンがどうして構造主義者と呼ばれるのか、明らかになるだろう。ラカンは、レヴィ＝ストロースの仕事に刺激を受けながら、ソシュール言語学の概念を使って、人間の「無意識」を支配する構造に迫っている。レヴィ＝ストロースが「親族の基本構造」を解明したとすれば、ラカンは「無意識の基本構造」を主題化した、と言えるかもしれない。

こうした共通性は、数学や科学への傾倒にも表れている。レヴィ＝ストロースは親族関係や神話を分析するとき、数学における「群の構造」を援用する。それと同じように、ラカンもまた、数学的な表現や概念を愛好している。たしかに、無意識は「シニフィアンの連鎖」なのだから、ラカンがそれを数学的に表現しようと意図することは理解できなくもない。じっさい、ラカンはそれを表現するために、奇妙な(?)数学的定式化を行なってもいる。たとえば、換喩と隠喩にかんして、彼は前頁の図のような表現を使っている。

このような傾向は、七〇年代以降になると、一層強くなったと言えるだろう。とりわけ、ラカンが「トポロジー(位相幾何学)」の概念に訴えて、理論を展開しようとするとき、ラカンの数学フェティシズムは一層大きくなるのではないだろうか。『「知」の欺瞞《ぎまん》』の著者ソーカルとブリクモンは、次のように、ラカンの傾向を知るうえで好材料を提示している。

享楽は、性的なものとして、男根的である。つまり、まさに他者としての他者に結びつかない。

ここで、コンパクト性の仮説の補完物を追ってみよう。

一つの定式化が、私が「最新の」と形容したトポロジーによって与えられる。そのトポロジーは、数についての問いの上に打ち立てられたひとつの論理を出発点とするもので、均質空間の場所=軌跡ではない場所=軌跡の設置へと導く。先と同じ有界で、閉で、そして、創設されたと想定されている空間――これは、無限にまで拡がる共通部分に関して先ほど私が提示したものと等価なものであるが――を取り上げよう。かりにその空間が開集合によって、つまりそれ自身の極限〔……〕を含まない集合によって被覆されているとすると、それらの開空間の集合が常に、有限性を構成する開空間の部分被覆の対象となるということ、すなわち、元の列が有限の列を作るということ、を述べるのに等しいことが証明される。
（七二／三年のセミネール）

長々と引用してしまったが、こうしたラカンの表現に対して、ソーカルとブリクモンは次のように言いきっている。「どう好意的に見ても、すべてがトポロジーと精神分析学の間の何の根拠もないアナロジーに基づいている。しかし、実のところ、その数学的な陳述にすでに意味がないのだ」（『「知」の欺瞞』）。

このトポロジーにしても、シニフィアンの連鎖の数式にしても、ラカンの場合、あくまでもメタファーとして使われていて、数学的な厳密性は期待できない。それどころか、概念や数式の意味そのものが明確ではなく、そもそも理解することさえ困難なのである。ラカンのこうした思想は、ソーカルやブリクモンが、「ナンセンス」と規定した典型のように見えるのではないだろうか。

したがって、ラカンの数学的な表現は、じっさいのところ、それほど真剣に受け取らないほうがいいと思う。レヴィ＝ストロースの神話論と同じように、無意識の構造を数学的に表現するには、いささか無理があると言うべきである。

Ⅱ　現代の神話とテクスト理論――バルト

ロラン・バルトと構造主義

「構造主義」が流行していた一九六〇年代の中ごろ、フランスの知的風景にかんする面白い報告がある。『ロラン・バルト伝』（一九九〇年）のなかで、ルイ＝ジャン・カルヴェは、当時バルトが行なっていたセミナーの雰囲気を、次のように記述している。

〔バルトのセミナーには〕毎年、同じ一体感を味わうために出席する側近や常連たちのサークルのほかに、迷える魂もやって来た。それはおそらく、来たるべき六八年五月の前ぶれであって、彼らは伝統的な大学教育に欲求を感じていなかったのだ。〔……〕彼らは「大学の遭難者で、ほかの場所では居心地の悪さを感じている者たち」であった。実際、政治的意識をもった学生たちの世代は、アルチュセール、ラカン、バルトを同時に発見したのであって、よそでは与えられないもの、つまり、型にはまっていない言説と理論的な要請とを同時に求めて彼らのところにやって来たのである。

（『ロラン・バルト伝』）

三人のなかで、最も現代的な分析を行なっていたのが、ロラン・バルトだと言える。たとえば、文学や映画、ファッションや風俗、広告やメディアなど、彼が取り扱ったテーマは幅広い。バルトは理論家というよりも、むしろ批評家であり、目の前にある社会をユニークな視点から分析する。おそらく学生たちは、現代理解の手がかりを求めて、バルトのセミナーに出席したのではないだろうか。

ロラン・バルト（Roland Barthes）は一九一五年に生まれ、サルトルよりも一〇歳ほど年下だ。若いころから病気がちであったため、アカデミズムの正規のコースから外れ、ジャーナリズムの道を歩んでいた。第二次世界大戦後は、サルトルの影響を受けると同時に、マルクス主義者でもあった。彼の特質は、繊細な感受性によって現代の変化を鋭く察知し、印象的な文章で表現することにある。そのバルトが一九五三年に刊行し、一躍注目されるようになったのが、『零度のエクリチュール』である。

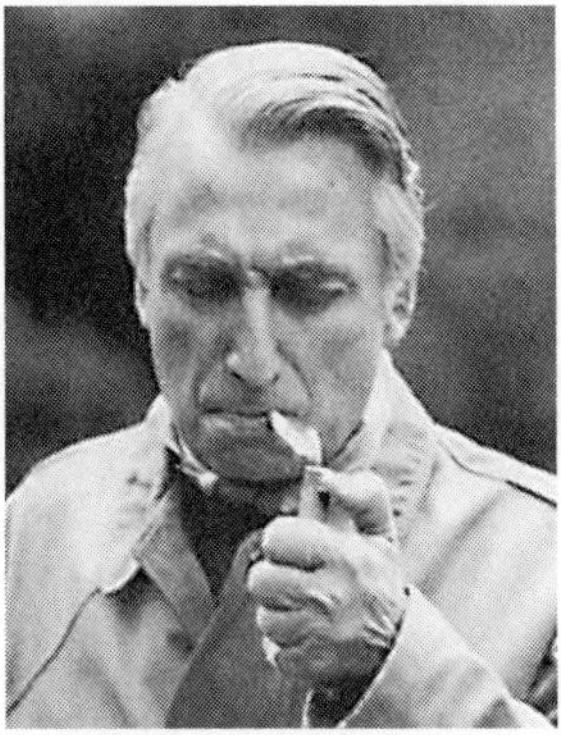
バルト

バルトがこの書でめざしたのは、「言語体（ラング）」と文体（スティル）からは独立した、一個の形式的現実の存在を明らかにすること」であった。つまり、日本語とか英語といった「言語体（ラング）」でもなく、個人的な「文体（スティル）」でもなく、その中間にあるようなものを、バルトは「エクリチュール（書き方）」と呼んでいる。「エクリチュール」とは、たとえば「コトバの調子、話ぶり」とも言われ、「社会的用途によって変形された文語」とも規定されている。

『零度のエクリチュール』のなかで、バルトは現代において文学の「エクリチュール」が多様化していると考え、社会的に参加（アンガージュ）するとき、どのエクリチュールを選択すべきかを問うた。バルトは、書物の最後で「文学の革命」を企て、次のように結んでいる。

現代芸術全体がそうであるように、文学的エクリチュールもまた「歴史」の放棄と「歴史」の夢との両方を担っている。「必然」としては、階級分裂と切り離せない言語分裂を証明しているし、「自由」としてはその分裂の意識であり、分裂を乗りこえようとする努力そのものである。〔……〕エクリチュールの多様化は新しい文学を定着させる。その文学が、投企であるためだけに言語を生みだすというのであるかぎり。すなわち、「文学」は言語の「ユートピア」となるのである。（『零度のエクリチュール』「言語のユートピア」）

ここには、「サルトル派であり、マルクス主義者である」という彼の立場が色濃く表れている。それでも、「エクリチュール」という言葉は、構造主義者になってからも一貫して使われるだけでなく、その他の思想家たちにも影響を与えることになった。しかし、そもそもバルトにとって、構造主義はいつから始まるのだろうか。

ソシュールへの回帰と現代の神話

バルトは、一九五四年ごろから五六年にかけて、現代社会の「神話」にかんして一連の短いエッセーを雑誌に掲載し、その後まとめて『現代社会の神話』（一九五七年）として出版した。この書でバルトは、プロレスやストリップといったショービジネスから、企業の商品や広告、写真や映画、文化や風俗などにいたるまで、メディアに登場するさまざまなものを軽妙なタッチで分析している。問題は、これらを取り扱うときの、バルトの観点である。

それを明らかにするのが、その書の後半に収録された「今日における神話」という論考だ。この論考こそが、バルトの構造主義を告げ知らせている。というのも、そのなかでバルトは、ソシュールの言語学にもとづき、記号学の構想を語っているからだ。バルトは、一方で「今日における神話」を解明しながら、他方で「ソシュール言語学への回帰」を企てている。ここにバルト独自の構造主義が始まった、といってよい。

ただし、注意しておきたいのは、バルトがソシュールの『一般言語学講義』を読んだのは、自ら具体的な神話分析を行なった後であることだ。時系列としては、《具体的な神話分析→『一般言語学講義』読解→「今日における神話」》となる。したがって、バルトの構造主義を考えるには、「今日における神話」を見なくてはならない。バルトは、ソシュール言語学を

言語	1. シニフィアン	2. シニフィエ	
神話	3. 記号（シーニュ） I. シニフィアン		II. シニフィエ
	III. 記号（シーニュ）		

バルトの記号学

どう受け継いだのだろうか。

たしかに、言葉の研究としての神話学は、四〇年ほど前にソシュールが記号学の名のもとに提起した、記号に関するあの広大な科学の一部分でしかない。記号学はまだ樹立されてはいない。しかしながら、ソシュール本人のあと、また彼とは独立したかたちで、現代の探究の或《あ》る分野は、たえず意味の問題に立ち戻っている。精神分析、構造主義〔……〕のいくつかの新しい試みは、もはや事実を、それが何かを意味しているというかぎりでしか研究しない。ところで意味を想定するということは、記号学に頼るということである。（『現代社会の神話』「今日における神話」）

ここでバルトは、ラカンの精神分析や、レヴィ＝ストロースの人類学的構造主義が、「意味」の問題にかかわるかぎりで、ソシュール由来の記号学に依拠すると考えている。それと同じように、バルトが構想する神話学も、記号学にもとづいて理解されなくてはならない。ソシュールの記号学では、「シニフィアン（意味するもの）」、

「シニフィエ（意味されるもの）」、「シーニュ（記号）」の三つが区別されている。それを使って、バルトは「今日における神話」を分析する。

まず概念を確認するために、バラの花で「情熱」を意味する場面を考えてみよう。ここで、「シニフィアン」は「バラの花」であり、「シニフィエ」は「情熱」だ。では「記号」は何だろうか。バルトによれば、「記号」は、二つの事項の統合であり、「情熱的にされたバラの花」である。同じ「バラの花」でも、「記号」の場合と、そうでないときは区別されなくてはならない。しかし、これがどうして「現代の神話」に使えるのだろうか。

雑誌『パリ・マッチ』の表紙

> 神話のなかにも、〔……〕シニフィアン、シニフィエ、記号という三次元の図式がまた見出される。ところが神話は、それ以前に存在している記号的連鎖から構築されるという点において、特殊な体系である。それは第二次の記号体系なのだ。第一次の体系では記号〔……〕だったものが、第二次の体系ではたんなるシニフィアンになる。（同前）

具体的な例を見ながら、理解することにしよう。

バルトは、雑誌『パリ・マッチ』の表紙の写真（前頁）を使っている。そこでは、「フランスの軍服を着た一人の若いニグロが、軍隊式の敬礼をして目を上げているが、おそらくその見つめる先には、〔フランスの〕三色旗がひるがえっているのだろう」。これは、どう理解したらいいのだろうか。

バルトによると、第一次の体系として、シニフィアンとなるのは「フランス軍隊風の敬礼をする黒人兵士」であり、そのときシニフィエとなるのは「フランス性と軍隊性の意図的な混合」である。この第一次の体系をもと（記号＝第二次のシニフィアン）にして、シニフィエ、つまりフランスの帝国性、植民地主義の擁護が出てくるわけである。一見したところ、何気ないポーズのうちに、バルトはそこに含まれている「意味」を暴き出すのだ。その点で、バルトの「神話学」は、きわめて批判的な意図に貫かれているのが分かる。

記号学の構想とモードの体系

『現代社会の神話』でバルトは、「記号学」を導入しはしたが、必ずしも十分に展開したわけではなかった。また、ソシュールの記号学は言及されてはいたが、言語学と記号学の関係も明らかではなかった。そこでバルトは、六五年に「記号学の原理」を発表して、ソシュールを超える形で自分の「構造主義」を表明する。そこで、バルトの「構造主義」を理解するには、ソシュールとの関係をあらためて問わなくてはならない。バルトは、「記号学の原

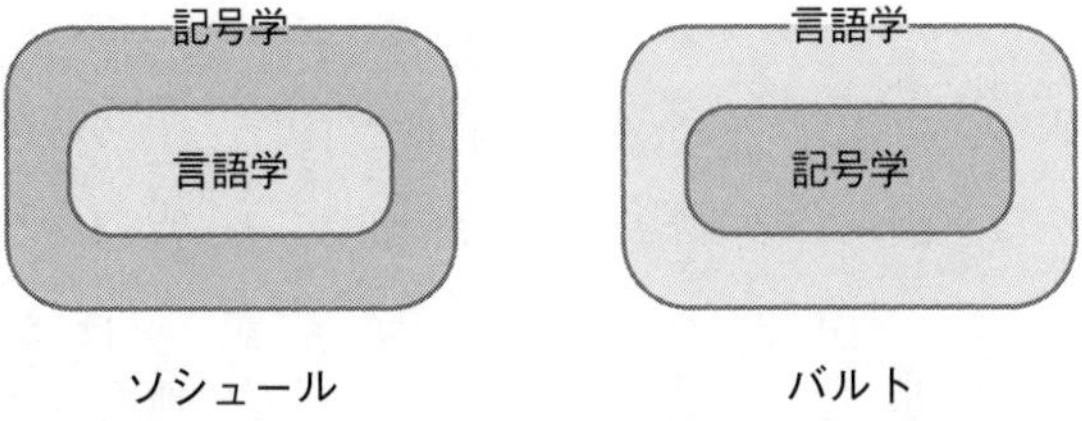

理」の冒頭において、次のように述べている。

一九一六年にはじめて公刊された『一般言語学講義』の中で、ソシュールは、「記号学」、すなわち、「記号」を一般的に研究する学問が存在すべきだということを述べている。言語学はその一分科をなすにすぎない。（「記号学の原理」）

われわれは、やがてはソシュールの提唱をひっくり返す日がくるかもしれないことを今からもう認めておかなければならない。すなわち、言語学が記号の一般的な学の一部――たとえ格別重要な一部だとしても――なのではなく、記号学が言語学の一部門なのである。正確に言えば、話《ディスクール》の「大きな意味の単位」を扱う一部門である。こうやってみると、意味（記号の作用）なる概念をめぐって、人類学、社会学、精神分析学、文体論で現在行なわれている研究が統一性を持ってくるように思われる。（同前）

ソシュールにとって、「記号学」はまだ存在していなかったが、「言語学」をもその一分科として包括するような全体的な学問であった。この場合、言語的なものを含まない記号が存在することになるだろう。ところが、バルトにとっては、「記号の体系というものは、必ずコトバと混じり合っている」。言いかえると、言語的なものを抜きにして、「記号」を理解することができないのである。

こうした「記号学」の構想のもとで、衣服、ファッションの分析を行なったのが、『モードの体系』(一九六七年)である。おそらく誤解はないと思うが、念のため注意しておけば、ここで衣服やファッションの分析というのは、ファッションにかんする言語(モード雑誌)の分析である。バルトは、『モードの体系』において、言語学にかんするフランスの状況をふりかえりながら、次のように著作の意図を語っている。

この研究の目的は、現代のモード雑誌類に記述されている女性の衣服の構造的分析にある。その方法はもともと、ソシュールが《記号学(セミオロジー)》という名称によってめざしていた記号についての一般科学から思いついたものであった。〔……〕著者がこの仕事を企画し、著述の形の腹案を練っていた頃、言語学はまだ、その後ある研究者たちが模範と見なすようになった、そんなモデルにはなっていなかった。あちらこちらにいくつかの研究が発表されてはいたものの、記号学はまだ、まったく将来の学問という状態にとどまっていたのである。だから応用記号学の仕事といえばすべて、当然のことながら、発見という形、いや、もっと正確にいうなら探検という形をとるわけであった。

（『モードの体系』）

ここでは、バルトの具体的な分析については論じることができないとしても、バルトが他の思想家たちとは違うユニークな仕事をしているのは確認できるだろう。こうしたバルトの仕事は、その後「消費社会の記号論」として、ボードリヤールなどに受け継がれていく。その意味で、バルトのアイデアはきわめて先進的と言うことができる。

作者の死とテクスト理論

記号学を構想したバルトは、一九六八年五月の出来事によって、その思想を大きく変更することになる。一九六八年といえば、世界的に学生たちの反乱が多発した年であったけれど、フランスでも「五月革命」と呼ばれるほどの出来事が引き起こされたのである。最初は学生たちの抗議デモから始まったが、やがて労働者や市民層をも巻き込み、ついには一〇〇〇万人のゼネストにまで発展したのである。一時期は革命にまでいたるかと思わせたが、六月になると総選挙が行なわれ、政府のド・ゴール派が勝利し、終息してしまった。

『零度のエクリチュール』や『現代社会の神話』を見ると、現代社会に対するバルトの批判的な視点が展開されているので、政治参加には積極的なように思われた。ところが、じっさいに大衆運動が起こってみると、彼は政治から距離を置いている。レヴィ＝ストロースと同じように、バルトもまた、「構造は街頭デモに加わらない」のだ。

しかしながら、六八年の出来事が、バルトに理論的な変更を引き起こしたのは間違いない。『構造主義の歴史』のなかで、ドッスは「六八年の数多くの影響は、構造主義によって押しやられていたものを掘り起こした」と述べている。「歴史」や「主体」に対する問いかけも、その一つである。この指摘は、バルトにとっても当てはまるのではないだろうか。

じっさい、バルトは六八年の末に、「作者の死」という論文を公表し、「主体」と「歴史」にかんして、新たな議論を提唱している。バルトは、作品と作者という、現代では自明となっている概念を取り上げ、それが実のところ、近代によって生み出された概念であることを明るみに出したのだ。


作者というのは、おそらくわれわれの社会によって生みだされた近代の登場人物である。われわれの社会が中世から抜け出し、イギリスの経験主義、フランスの合理主義、宗教改革の個人的信仰を知り、個人の威信、あるいはもっと高尚に言えば、《人格》の威信を発見するにつれて生みだされたのだ。〔……〕現代の文化に見られる文学のイメージは、作者と、その人格、経歴、趣味、情熱のまわりに圧倒的に集中している。批評は今でも、〔……〕作品の説明が、常に、作品を生みだした者の側に求められるのだ。

（『物語の構造分析』「作者の死」）

バルトによれば、こうした「作者の支配」は、「今もなお非常に強い」。そこで、バルトはバルザックの小説を題材にしながら、「誰が書いたのか」と問い直す。バルトによると、「書く」ことは、「それに先立つ非人称性」によって、大きく影響されている。つまり、他の人たちの「語法」や「書き方」（それらをバルトは「エクリチュール」と呼ぶ）が、さまざまな形で書き手に作用しているのだ。過去からの、あるいは同時代の多様なエクリチュールに取り巻かれ、それらをいわば編み合わせるように書くのである。そうした考えを表現するために、バルトは「テクスト」という言葉を使うようになった。

われわれは今や知っているが、テクストとは、一列に並んだ語から成り立ち、唯一のいわば神学的な意味（つまり、「作者＝神」の《メッセージ》ということになろう）を出現させるものではない。テクストとは多次元の空間であって、そこではさまざまなエクリチュールが、結びつき、異議をとなえあい、そのどれもが起源となることはない。テクストとは、無数にある文化の中心からやって来た引用の織物である。〔……〕作家は、常に先行するとはいえ決して起源とはならない、ある〔記入の〕動作を模倣することしかできない。彼の唯一の権限は、いくつかのエクリチュールを混ぜあわせ、互いに対立させ、決してその

一つだけに頼らないようにすることである。（同前）

こうして、バルトは現代において、近代的な概念である《「作者」の死》を高らかに宣言している。では、「作者の死」によって何が生まれるのだろうか。一九七三年に発表された『テクストの快楽』において、次のように言われている。

「テクスト」は「織物」という意味だ。しかし、これまで、この織物は常に生産物として、背後に意味（真実）が多かれ少なかれ隠れて存在するヴェールとして考えられてきたけれど、われわれは、今、織物の中に、不断の編み合せを通してテクストが作られ、加工されるという、生成的な観念を強調しよう。この織物――このテクステュール（織物）――の中に迷い込んで、主体は解体する。自分の巣を作る分泌物の中で、自分自身溶けていく蜘《く》蛛《も》のように。（『テクストの快楽』）

テクストは、個性的な「作者」が、ただ一人で作り上げたのではなく、彼を取り巻くさまざまな「エクリチュール」を織り合わせながら、加工され、編集されて出来上がったものである。とすれば、近代思想が前提としていた、自律的で産出的な「主体」は解体せざるをえなくなる。こうしたバルトのテクスト理論は、インターネットが普及した現在から見ると、きわめて予言的だと思われる。

III　マルクス主義の構造論的転回——アルチュセール

マルクス主義と構造主義

一九六〇年代の初め、構造主義が流行し始めたとき、三つの学問が注目されていた。人類学（レヴィ＝ストロース）と精神分析学（ラカン）と言語学（バルト）である。こうした中に、マルクス主義の哲学を携えて、新たに登場したのが、ルイ・アルチュセール（Louis Pierre Althusser）である。アルチュセールは、バルトよりも三歳年下の一九一八年の生まれであり、ラカンやレヴィ＝ストロースからは一世代後に属している。

一九六五年に、彼は二つの著作を公刊し、社会的に注目されるようになった。一つが『マルクスのために』であり、もう一つが弟子たちと一緒に出した『資本論を読む』である。タイトルからも分かるように、二つの著作は、いずれもマルクスの研究である。アルチュセールは、こうしたマルクス主義のうちに「構造主義」を導きいれたのである。しかし、社会の歴史的変革にかかわるマルクス主義は、共時態を取り扱う構造主義とうまく接合できるのだろうか。

アルチュセール

マルクス主義について言えば、西欧ではソヴィエト型のマルクス主義に批判的であった。とりわけ、一九三〇年代にそれまで未公刊だったマルクスの原稿（『経済学・哲学草稿』）が発表されたこともあって、「若きマルクス」に注目が集まり、西欧マルクス主義が形成されたのである。サルトルの『弁証法的理性批判』も、その流れにある。従来のソヴィエト・マルクス主義が教条的であったのに比べ、西欧マルクス主義は若きマルクスの「ヒューマニズム（人間主義）」に共感した。

こうした若きマルクスの「ヒューマニズム」を端的に表現するのが、「疎外」の論理である。マルクスは、現代社会における人間の状況を、本来のあり方からの「疎外」と捉え、厳しく批判したのである。そうした疎外を克服して、人間本来の状態を取り戻すことが、マルクスの社会主義と考えられたのだ。つまり、マルクスにとって、社会主義の確立は、疎外された人間性からの回復と理解されている。

ところが、従来のソヴィエト型のマルクス主義では、マルクスの「ヒューマニズム」はほとんど重視されてこなかった。それに対して、西欧型のマルクス主義は、この「ヒューマニズム」こそがマルクスの本来の思想である、と主張するのだ。しかも、後年の『資本論』も、こうしたマルクスの「ヒューマニズム」から理解しなくてはならない、というわけである。しかしながら、「ヒューマニズム」重視のマルクス主義は、西洋の近代思想の典型と言うべきではないだろうか。たとえば、サルトルが「コギト（われ思う）」の立場から、「弁証法的理性」へと議論を展開していったように。この状況に、断固として反対したのが、アルチュセールである。

マルクスへの回帰とヒューマニズム批判

アルチュセールは、マルクス主義をヒューマニズムとして理解することを批判し、『マルクスのために』において強い口調で次のように言いきっている。

厳密に理論的な見地からのみ、マルクスの理論面での反ヒューマニズムについて明白に述べることができるし、述べねばならない。そして、この理論面での反ヒューマニズムのうちに、人間世界そのものの認識（肯定的な）とその実践的変革とにかんする、絶対的な（否定的な）可能条件を見ることができるし、見なければならない。すなわち人間についての哲学的（理論的）な神話を焼きはらい灰燼《かいじん》に帰せしめるという絶対的条件においてのみ、人間についてなにごとかを認識できるのだ。

（『マルクスのために』「マルクス主義とヒューマニズム」）

しかし、マルクスは若いころ、熱心に「ヒューマニズム」を提唱したのではないだろうか。たとえば、一八四三／四年の論文（「ヘーゲル法哲学批判・序説」）では、「ラディカル〔根本的〕であること、それはものごとを根本から把握することである。ところで、人間にとって、ラディカルとは人間自身である」と言っている。また、『経済学・哲学草稿』では、人間の労働疎外が批判され、真に人間的な共同体としての「共産主義」が希求されている。これを、いったいどう考えればいいのだろうか。

アルチュセールによると、マルクスの思想は一八四五年（著作としては『ドイツ・イデオロギー』）を境に、大きく転換している。つまり、ヒューマニズムは若い時代の思想であって、四五年以後はそれと絶縁するというわけだ。

マルクスはその青年期に（一八四〇－四五年）、人間の哲学を《理論的基礎》として〔……〕役立てたのだが、彼が歴史の科学的理論に到達したのは、ほかでもなく、この人間の哲学にたいする根本的な批判を代償としたうえでのことだった。

（「マルクス主義とヒューマニズム」）

一八四五年以後、マルクスは、人間の本質を基礎にしているいっさいの歴史－政治理論

と根本的にたもとをわかつ。　（同前）

つまり、アルチュセールは、ヒューマニズムに対する態度の違いを、マルクス思想の年代的変化として捉えたのである。このとき彼は、「イデオロギー」と「科学」との対比を使って説明している。それによると、青年時代の「ヒューマニズム」が「イデオロギー」であるのに対して、成熟したマルクスは「科学的認識」を確立した、とされている。「構造主義」で「科学」が強調されるように、アルチュセールもまた、反ヒューマニズム（人間主義）の立場を、「科学」として高く評価したのである。

こうした二つの立場の違いを強調するために、アルチュセールはガストン・バシュラールから受け継いだ「認識論的切断」という概念を使っている。すなわち、「この〈認識論的切断〉は、理論的に異なる二つの分野にかかわる」。マルクスは、イデオロギー的な人間主義に対して「認識論的切断」を行ない、科学的な歴史理論を作り上げた、というわけである。

アルチュセールにおける「構造」

それでは、「マルクスへの回帰」によって、アルチュセールが「構造」と考えたのは何だろうか。基本的には二つあって、一つは「プロブレマティック」であり、もう一つは「重層的決定」である。この二つは、アルチュセールの「構造主義」特有の概念として流行したが、もともとはジャック・マルタン（「プロブレマティック」）から受け継いだり、「言語学と精神分析学から借用」（「重層的決定」）したりしたものだ。しかし、由来はともかくとして、そもそも二つの概念は何を意味しているのだろうか。

まず、「プロブレマティック」について言えば、この言葉は「問題系」とか「問題設定」、あるいは「問題構成」「問いの構造」などとも訳される。これは「問題提起の仕方」と呼ばれたり、「理論的な図式」と言いかえられたりもする。つまり、物事を考えるときの根本的な視点であり、その「プロブレマティック」によって、問題やその解決の意味と方向が決定されるのだ。

しかしながら、そもそも「プロブレマティック」はどうして「構造」なのだろうか。アルチュセールは、「イデオロギー」と関連させながら、『マルクスのために』のなかで次のように語っている。

プロブレマティックという概念のもとに、ある限定されたイデオロギー的思想の統一性

（それは直接に一つの全体としてあたえられ、明確に、あるいは暗黙のうちに一つの全体として、「全体化」の一つの意図として「生きられる」ものである）を考察することは、その思想のあらゆる要素を統一する典型的な体系的構造を明確にすることを可能にすることである。

（『マルクスのために』「若きマルクスについて」）

「プロブレマティック」が「構造」であるのは、思想の中の多様な要素を統一する「体系」であるからだ。また、この「構造」は思想のうちで働いているが、とりわけ「イデオロギー」においては、いわば無意識的に作用している。こうして、「プロブレマティック」は、多様な要素の統一として「構造」であり、思想を無意識的に支配する「構造」なのである。こうした「プロブレマティック」の考えを、「思想における構造」と呼んでおきたい。

それに対して、アルチュセールには、もう一つの「構造」の考え方があった。それは「重層的決定」という概念であるが、ここでは前のものと区別して「社会における構造」と呼んでおこう。しかし、これを理解するには、前提としてマルクス主義における「唯物史観の公式」にあらかじめ触れておく必要がある。マルクスは、『経済学批判』（一八五九年）の序言において、次のように語っている。

人間たちは、自らの生活を社会的に生産するさいに、彼らの意志から独立した、一定の

（その生産に）必要な関係を受け容《い》れる。人間の物質的生産諸力の一定の発展段階に対応する生産諸関係が、その関係である。この生産諸関係の総体が社会の経済的構造を形成している。この社会の経済的構造こそ、法的および政治的な上部構造がその上にそびえたつ現実的な土台であり、さらに一定の社会的意識形態が対応する現実的な土台である。物質的生活の生産様式が社会的、政治的および精神的な生活のプロセス一般を制約しているわけである。人間の意識が人間の存在を規定するのではない。逆に人間の社会的存在が人間の意識を規定する。

（『経済学批判』「序言」）

伝統的には、このマルクスの公式を文字通りに理解して、「現実的な土台」である「社会の経済的構造」が、「法的および政治的な上部構造」や「社会的意識形態」を一元的に「規定する」とされてきた。しかし、こうした見解には批判も多く、むしろ法や政治や精神的生活の自律性が主張されたり、あるいは、逆の規定（法・政治・意識による経済への影響）が取り沙汰されることもあった。いずれにしろ、経済的な土台と上部構造の関係は、一義的には決定できないのではないだろうか。

こうしたマルクスの解釈状況に対して、アルチュセールは、「重層的決定」という概念を打ち出し、一挙に問題を解決しようとしたのである。アルチュセールによると、一方で上部構造の「相対的自律性」は認めなくてはならず、さまざまな領域の複雑な作用・反作用を受け入れなくてはならない。彼は、「一社会のあらゆる矛盾とあらゆる構成要素のこの重層的決定から出発する以外にはない」と表明する（「矛盾と重層的決定」『マルクスのために』所収）。ところが他方では、最終的には、経済的要因が規定的である、と考えなくてはならないのだ。つまり、「（経済的）生産様式による最終審級における決定があ」るというわけだ（同前）。

こうした二重の側面から、社会全体を捉えることが、アルチュセールの「重層的決定」という考えである。はたしてこれで問題が解決するかどうかは疑問であるが、従来の経済決定論よりは、ずいぶん進歩しているように見えるだろう。

「六八年五月」の衝撃とイデオロギー論の構築

六五年に出版された二つの著作は、構造主義流行のなかで反響を呼び、若手の研究者たちが彼のもとに集まってきた。しかし、それらの著作は、あくまでもマルクス解釈を意図しており、アルチュセール独自の思想というわけではなかった。また、分析にしても、理論が中心であって、具体的な現実をどう分析するか、という点では抽象的すぎる。そもそも、現代世界をどう理解し、いかなる実践が可能なのだろうか。この点が、マルクス解釈だけでは見えてこないのである。

ところが、この課題に答えるときが、まもなくアルチュセールにやってくる。一九六八年、「五月革命」が起こったからである。アルチュセールは、この出来事の経過を自分の問題と

アルチュセール	⟶	イデオロギー論（『再生産について』）
フーコー	⟶	権力論（『監視と処罰』）
ドゥルーズ＝ガタリ	⟶	欲望理論（『アンチ・オイディプス』）

68年の根本経験から生まれた思想

して捉え、それを自分自身の思想において表現しようと奮闘したのである。

じっさい、この出来事の後で、アルチュセールは「再生産について」と題する書物を構想し、新たな思想を作り上げていく。こうした原稿から作成されたのが、一九七〇年に発表された「イデオロギーと国家のイデオロギー諸装置」である。この論文において、アルチュセールはみずから経験した「六八年五月」を、哲学者として理論化しようとした。

アルチュセールの構想全体が「再生産」であることからも分かるように、彼は「この社会がいかにして再生産されるのか」を捉え直そうとしている。この問いを、「六八年五月」の出来事と関連づけるならば、次のように表現できると思う。それをここでは、「六八年の根本経験」と名づけることにしたい。

六八年の根本経験：「人々は、どうして服従する（支配される）ことを、みずから自発的に望むようになるのか？」

この問いは、じつを言えばアルチュセールだけでなく、フーコーやドゥルーズにとっても根本問題として取り組まれたものだ。それをフーコーは「権力論」として展開し、またドゥルーズはその答えを求めて、ガタリとともに『アンチ・オイディプス』を書くことになる。そして、アルチュセールは、この問題を「イデオロギー論」によって解明しようとしたのである。

しかし、「イデオロギー」というものは、『マルクスのために』では、「科学的認識」と対比されて、必ずしも積極的に評価されたわけではなかった。それがなぜ、あらためて主題化されたのだろうか。

アルチュセールの思惑では、社会を維持し再生産していくためには、「イデオロギー」が重要な役割を担うからである。具体的に考えてみよう。アルチュセールによれば、一方で国家は「抑圧装置」として、警察・裁判所・刑務所・軍隊などを備え、政府や行政機関などをもっている。こうした「抑圧装置」とは別に、国家は他方で「イデオロギーの諸装置」をも含んでいる。

たとえば、宗教的装置・学校的装置・情報的装置・文化的装置などさまざまである。こうした装置の特徴は、決して暴力的に抑圧するのではなく、個人が自発的に行動するよう仕向けるのだ。このメカニズムを解明しようとしたのが、アルチュセールの「イデオロギー論」

だと言えるだろう。それを説明するために、アルチュセールは「宗教イデオロギー」を例としながら、「イデオロギー」一般にかんして、次のように述べている。

イデオロギーの二重化された反射的（鏡像的）な構造は以下のことをともに保証する。
1／主体〔sujet〕としての諸「個人」への呼びかけ、
2／諸個人の〈主体〔Sujet〕〉への服従、
3／諸主体と〈主体〉とのあいだにおける、また諸主体自身のあいだにおける、相互的再認、さらに究極的には主体の自分自身による再認、
4／こうしてすべてはうまくいっているということの、そして諸主体が現に自分たちがそうであるところのものを認め、それ相応に振舞うならば、すべてはうまくゆくだろう、つまり「かくあれかし（アーメン）！」となるということの絶対的な保証。
（『再生産について』第12章「イデオロギーについて」）

つまり、「諸主体への呼びかけ、〈主体〉〔Sujet＝大文字の主体〕への服従、普遍的な再認と絶対的な保証、という四重のシステムのなかにとらえられて、諸主体は「歩む」」のである。ここには、ヘーゲルの相互承認論だけでなく、ラカンの〈大文字の他者〉といった考えも援用されている。ただし、アルチュセールの場合には、主体と〈主体〉の関係として

理解されている。

注目すべきは、アルチュセールが「主体（sujet）」という言葉を使うとき、二重の意味を担わせていることだ。一方では発意の中心である「自由な主体性」であるが、他方では「優越した権威に服従」する「従属的な存在」である。つまり、個人は、イデオロギーにおいて、「自由に服従する」というわけだ。この二重性は、後にフーコーによって、より具体的に展開されることになる。

さて、ここで最初の問題に戻ることにしよう。アルチュセールは「六八年の根本経験」から、人々がどうして自発的に服従し、社会を再生産していくのかという問いを立てた。これに対する彼の答えが、「イデオロギー論」であった。人々は、「イデオロギー」によってみずから進んで国家に服従し、「臣民＝主体（sujet）」として国家を下支えしていく。とすれば、六八年の「五月革命」が失敗したのも、いわば必然的だったと言うべきだろうか。

しかし、個人は「システム（構造）」の中に組み込まれ、社会を再生産していくほかないのだろうか。それとも、この「システム（構造）」を解体して、新たな自由の活動空間を切り開くことができるのだろうか。アルチュセールの「構造主義」は、ポスト構造主義へとつながっていく。

第3章　構造主義からポスト構造主義へ——フーコー

自己離脱する思想家

一九六〇年代のフランスで、構造主義が大流行していたとき、ミシェル・フーコー（Michel Foucault）は中心的な思想家と目されていた。モーリス・アンリによって戯画的に描かれた「構造主義の四銃士」にも、ロジェ・クレマンという偽名で刊行された嘲笑的な構造主義批判書『構造主義者たちのマティネ』にも、フーコーは欠かせなかった。それなのに、前章「構造主義的思想家たちの興亡」では、フーコーを取り上げなかった。その理由は、フーコの思想が時代とともに変化し、「構造主義」が一時期に限定されていることにある。フーコーを「構造主義者」と見なすには、留保が必要なのである。

フーコーは、『性の歴史』の第一巻『知への意志』（一九七六年）を出した後、長い沈黙があって、その続巻を晩年近くになってやっと出版した。そのとき、彼は第二巻『快楽の活用』（一九八四年）の「序文」で、沈黙の理由を次のように語っている。

私を駆りたてた動機はというと、〔……〕ごく単純であった。〔……〕それは好奇心だ――ともかく、いくらか執拗《しつよう》に実行に移してみる価値はある唯一の種類の好奇心である。つまり、知るのが望ましい事柄を自分のものにしようと努めるていの好奇心ではなく、自分自身からの離脱を可能にしてくれる好奇心なのだ。〔……〕はたして自分は、いつもの思索とは異なる仕方で思索することができるのか、いつもの見方とは異なる仕方で知覚することができるか、そのことを知る問題が、熟視や思索をつづけるために不可欠である、そのような機会が人生には生じるのだ。

（『性の歴史Ⅱ　快楽の活用』）

フーコー

こうしたフーコーの姿勢は、じつを言えば、このときだけではない。むしろ、フーコーの思索全体が、こうした方向転換を何度か行なってきたと言ってよい。そのため、フーコーの思想を理解しようとすれば、何よりも「フーコー思想の変貌」を確認しなくてはならない。フーコー思想が全体としてどのように変化したのか、問わなくてはならないのだ。

具体的な内容については後で見ることにして、ここであらかじめ、大まかな時期区分をしておくことにしよう。まず第一の変化は、五〇年代の実存的人間主義から、『狂気の歴史』（一九六一年）への変化である。その後、六〇年代には構造主義が社会的に流行するようになって、フーコーもまた構造主義の代表的な思想家と見なされるようになった。その典型とされたのが、ベストセラーの『言葉と物』（一九六六年）である。

しかし、構造主義の流行も陰りが見え始めた六〇年代の末に、フーコーもまた構造主義から距離をとるようになる。『知の考古学』（一九六九年）で、「私に同じままであり続けるようにと言わないでくれたまえ」と書いて、フーコーは第二の思想的な転換を遂行するのである。これ以後、彼はいわゆる「権力」論の問題圏へと踏み込んでいく。したがって、第二の変化は、「構造から権力へ」の転換と表現することもできるだろう。こうした時期の代表的な著作が、『監視と処罰』（一九七五年、邦題『監獄の誕生』）と『性の歴史Ⅰ　知への意志』である。

この後、フーコーは著作を公刊せず、思想的には沈黙がつづいている。彼は『性の歴史』の第一巻を出した後、ほどなく続刊を出版するように語っていたが、その計画には重大な変更が生じた。結局、第二巻と第三巻が出版されたのは、死期を自覚するようになったときであった。ところが、出版された著作を見て、多くの人が驚きと疑問をもつことになった。第一巻での「権力」論はすっかり後退し、テーマや方法、考察対象さえ変わっていたのである。第この第三の変化の後、フーコーは「自己」や「主体」、「倫理」について積極的に語るようになる。

こうして、フーコーの思想を全体として理解すると、次のようにまとめることができる。大きな変化が三度訪れ、時期としては四つに区分されるだろう。

（1）実存的人間主義の時期
　第一の変化（『狂気の歴史』）
（2）構造主義の時期：『臨床医学の誕生』、『言葉と物』
　第二の変化（『知の考古学』）
（3）権力論の時期：『監視と処罰』、『知への意志』
　第三の変化（『快楽の活用』、『自己への配慮』）
（4）自己と倫理への回帰

I　疎外論から西洋近代理性批判へ

封印された著作

フーコーのデビュー作といえば、一般には博士論文の『狂気の歴史』が思い浮かぶだろう。

ところが、それ以前にフーコーは、同じ「狂気」にかんするテーマで、小さな著作（『精神疾患とパーソナリティ』一九五四年）を出版していた。ところが、一九六一年に『狂気の歴史』を出版した後、フーコーは書き直して、『精神疾患と心理学』（一九六二年）というタイトルで刊行し直したのである（時系列としては『精神疾患とパーソナリティ』→『狂気の歴史』→『精神疾患と心理学』となる）。こうして、最初の『精神疾患とパーソナリティ』は封印され、むしろ『狂気の歴史』がデビュー作のように見なされることになった。

しかし、どうしてフーコーは、本来のデビュー作である『精神疾患とパーソナリティ』を封印したのだろうか。ここには、フーコーの秘密が隠されているように思われる。それを理解するには、フーコーが『精神疾患とパーソナリティ』を改作するときどこに手を入れたのか、見なくてはならない。

さて、『精神疾患とパーソナリティ』と『精神疾患と心理学』を比較してみると、大幅に改変されたのが、この書の後半、つまり第二部であることが分かる。フーコーは第二部のタイトルを含めて、内容を全面的に書き換えているのだ。フーコーにとって、初版の第二部（「病の条件」）は、『狂気の歴史』の後では、何としても書き直す必要があったわけである。

しかし、フーコーにとって、第二部のどこが問題だったのだろうか。

『精神疾患とパーソナリティ』の第二部で、フーコーは「狂気」にアプローチする際の視点を問い直している。このときポイントになるのが「疎外」概念である。この「疎外《アリエナシヨン》」

(aliénation)」という言葉は、法的には「譲渡」や精神病理学的には「精神錯乱」などを意味している。そこでフーコーは、「精神疾患」の条件を明らかにして、三つの「疎外」によって規定するのだ。

その一つは法的な「疎外」であり、「患者の法的な能力が他者に移管される」ことである。この「疎外」によって、患者の法的な権利は、他人（後見人など）に「譲渡」される。もう一つは、社会的な「疎外」であり、「患者が社会から排除される」ことである。患者は「スティグマ〔負の烙印〕を刻印され」て、人間の世界から排除される。さらに三つ目は、人格的な「疎外」であり、「患者が自分のもっとも人間的なものを失う」ことである。フーコーによると、この「疎外《アリエナシオン》＝錯乱という概念を軸として結晶した実践」が、さまざまな「症状を発展させることになる」。

疎外論者フーコー

ここでフーコーが着目した「疎外」は、マルクスがヘーゲルから受け継いだ概念であり、若きマルクスの著作（『経済学・哲学草稿』）において、重要な役割を担っていた。マルクスは、資本主義社会における「労働者の疎外」を「人間の疎外」として捉え、それを厳しく批判している。フーコーは、その批判を継承するとともに、さらに「精神疾患」へとつなげたわけである。たとえば、次のような箇所を見ると、マルクス疎外論の影響が透けて見える。

搾取によって人間は、経済的な対象へと疎外されるが、同時に依存という否定的な絆《きずな》を通じて、他の人間と結びつけられる。社会的な法則によって、人は同類の人間たちと同じ運命に結ばれると同時に、闘いのうちで互いに対立するようになる。逆説的なことにこの闘いは、社会的な法則の弁証法的な形態にほかならないのである。〔……〕人間が自分の技術に対して異邦人であり、人間が自分の作り出した生産物の中に、生きた人間的な意味を認めることができず、経済的および社会的な規定によって拘束され、世界のうちに祖国をみいだすことができないような場合には、人間は精神分裂症の症候群を可能にするような葛藤を生きているのである。（『精神疾患とパーソナリティ』第二部「病の条件」）

このように、精神的な病の条件が、歴史的・社会的な疎外のうちにあるとすれば、それを克服するにはどうすればいいのだろうか。その問題を、フーコーは次のように表現している。「患者がもはや疎外の運命に服さなくてもよくなる時、その時にこそ、人間的なものであり続ける患者のパーソナリティにおいて、病の弁証法が可能となると考えることができるだろう」（同前）。したがって、「疎外」を克服し、人間的な実存を取り戻すことが、患者にとって重要な課題となる。

しかし、「疎外」概念に依拠する場合、「疎外されざる真の人間性」という考えを前提とせざるをえない。つまり、「真の人間性」がまずあって、次にそれが「疎外」され、最後にその「疎外」から回復される、という論理である。「真の人間性」をどこまで公言するかは別にして、その考えなくして「疎外」の論理は成立しない。だが、そもそも「真の人間性」など前提にできるのか、はなはだ疑問であろう。むしろ、「真の人間性」という考え自体が歴史的に形成されたのではないだろうか。

そこで、フーコーは『狂気の歴史』において、狂気にかんする疎外論的人間主義を清算することになるだろう。そのため、改訂された『精神疾患と心理学』でも、「疎外＝錯乱《アリエナシヨン》」からの回復」という論理は、採用されていないのである。こうして、フーコーは疎外論を封印したわけである。では、疎外論に代わって、いかなる考えが提示されるのだろうか。

しかし、誤解のないように注意しておけば、フーコーが「疎外論を封印した」といっても、『狂気の歴史』のなかで、「疎外」という言葉を一切使わない、というわけではない。もともと、「精神の疎外」という言葉が、伝統的に「精神錯乱」を意味しているのだ。したがって、「狂気」をテーマにする場合、「疎外」という言葉は避けがたいと思われる。しかし、この「疎外」を、フーコーはかなり限定した場面で使っているのである。それを確認することによって、『狂気の歴史』の問題設定が明らかになるだろう。

『狂気の歴史』の問題設定

原著のタイトル「古典主義時代における狂気の歴史」からも分かるように、『狂気の歴史』は、「古典主義時代」において「狂気」がどう取り扱われたのか、をテーマにしている。ここで「古典主義時代」というのは、一六五〇年代から一七九〇年代ごろまでを指している。フーコーの時代区分では、「古典主義時代」の以前と以後を合わせて、全体として三区分となっている。

あらかじめ注意したいのは、フーコー特有の用語法である。フーコーでは一七・一八世紀が「古典主義」時代とされるのに対して、それ以降が「近代」と呼ばれているのだ。そこで、フーコーの時代区分を定式化すれば、「中世→ルネサンス期→古典主義時代→近代」となるだろう。こうした時代区分のもとで、フーコーは「狂気」の歴史を描くわけである。

フーコーの叙述はとても詳細ではあるが、時代区分の図式にしたがって理解すると、内容は簡単にまとめることができる。まず、「古典主義時代」以前、すなわち中世やルネサンス期には、社会は「狂気」に対してきわめて寛容だった。「狂人」は町中を自由に歩き回ることができ、「狂気」は日常的な体験の一部となっていたのである。ところが、一六五〇年代以降の「古典主義時代」になって、状況が一変する。

フーコーが「大いなる閉じ込め」と呼ぶ排除・監禁の時代が始まる。大きな収容施設がヨーロッパに作られ、そこに「理性、道徳および社会秩序にかんして「変調」の兆候を示す人々」が閉じ込められる。たとえば、「肢体不自由の貧困者、困窮老人、乞食、怠け者、性病患者、風俗紊乱者《びんらんしゃ》、濫費《らんぴ》家の父親、はめを外した聖職者など」（『狂気の歴史』）であるが、このなかに「狂人」も含まれる。こうして「狂人」は、他の社会的不適合者と一緒に、隔離収容されるようになったわけである。

　こうした排除・隔離を、フーコーは「疎外《アリエナシヨン》」と呼び、これによって「錯乱《アリエナシヨン》」が生み出される、と考えている。「こうした追放の動きの歴史を再現することは、一つの疎外《アリエナシヨン》（＝錯乱）の考古学をくみたてることである」（同前）。しかもフーコーは、この排除（「疎外」）を、「理性」による「非理性（＝狂気）」の排除としても理解するのだ。

> あの非理性的人間たちを、彼ら自身の祖国における異邦人として告発できるようにするため、監禁というこの最初の疎外《アリエナシヨン》、つまり非理性をその真理から引き離して唯一の社会空間のなかに閉じこめる疎外が実施されねばならなかったのである。〔……〕将来、これらの狂人たちが《精神錯乱者《アリエネ》》として示されるようになる社会へ、まず非理性が疎外《アリエネ》されたのである。その社会へ、非理性は追放させられて沈黙に陥ったのである。
>
> （『狂気の歴史』第一部第三章）

古典主義時代は、一般に「啓蒙の時代」とも呼ばれ、「理性」に対する信頼がきわめて大きかった時代である。ところが、フーコーによれば、こうした「理性」の支配は、「非理性」をみずからのうちから追放し、それを従属化させることによって成立する。「非理性」は監禁され、沈黙せざるをえなくなる。そこでフーコーは、『狂気の歴史』の「意図」を、「沈黙の考古学をつくりだすこと」だと言うわけである。

では、古典主義時代が終わると、狂人の排除(社会的疎外)は終わるのだろうか。たしかに、一八世紀の末に、フランス革命が起こって、狂人たちは他の監禁された者たちとともに解放されたように見えた。ところがじっさいには、狂人だけが施設(「狂人保護院」)に監禁収容されるようになったのだ。これにともなって、狂気は人間の内なる精神の「病」とされ、それを対象とする「心理学」が生み出される。フーコーは、「ポジティヴ／ネガティヴ」の多義性を利用しながら、次のように述べている。

一九世紀における《実証的《ポジティヴ》》心理学のもつ逆説とは、その心理学が消極性《ネガティヴィテ》(「陰画性」・「否定性」でもある)の契機を出発点としてのみ成立可能であったという点である。〔……〕人間の真理は、それが消滅するときにのみはじめて口をきき、また自分自身とは別のものにすでになった場合にのみはじめて姿を明らかにするのである。(同前、第三部第五章)

こうして、古典主義時代の後で、狂気は「精神の病」とされ、「心理学」によって取り扱われる対象になっていくのだ。

構造主義者フーコーの誕生

社会における狂人の排除・監禁（「社会的疎外」）を描く『狂気の歴史』は、もしかしたら「疎外論」ではないか、と疑問をもつ人がいるかもしれない。ところが、『狂気の歴史』においてフーコーは「疎外からの回復」という論法を取らないのである。とすれば、何のために、フーコーは狂人たちの排除（疎外）を語ったのだろうか。これを考えるならば、フーコーの「構造主義」が明らかになると思われる。彼は、『狂気の歴史』の「序言」で、次のように書いている。

狂気の歴史を書くとは、つぎのことになるだろう。狂気のありのままの野生状態はけっしてそれじたいとしては復原されえないので、狂気を捕えている歴史上の総体——さまざまの概念・さまざまの制度・法制面と治安面での処置・学問上のさまざまの見解——の構造論的《ストリュクテュラル》な研究をおこなうこと。だが原初状態の純粋さに接近できず、それを欠いているのだから、構造論的な研究は、理性と狂気を結びつけると同時に分離している決定のほうへさかのぼらなければならない。

（同前、「序言」）

フーコーが『狂気の歴史』の執筆を始めたのは、レヴィ＝ストロースの『悲しき熱帯』（一九五五年）が出版されてからすぐのことである。レヴィ＝ストロースが西洋近代とはまったく異なる「未開人」を描き出したとき、フーコーは「狂人」たちが同じ状況にあると感じたのではないだろうか。狂人たちは、西洋近代の原理たる「理性」から徹底的に排除され、閉じ込められてきたように見える。

そのため、ロラン・バルトは『狂気の歴史』が出版されると、すぐさま「ミシェル・フーコーの書いた歴史は構造論的歴史である」と批評している。ここでバルトがフーコーの「構造」を語るとき、念頭にあるのは、「社会全体のレベルで、除外されるものと包含されるものとを対立させ結びつける、一つの相補性」である。そうした「構造」について、バルトは次のように述べている。

> 狂気がもはや実体的に（《それは病気である》、あるいは機能的に《それは反社会的な振舞いである》）定義されず、非理性についての理性の説述として、社会全体のレベルにおいて構造的に定義される瞬間から、飽くことのない弁証法が歩み始めるのである〔……〕
>
> （『エッセ・クリティック』）

狂気をそれだけで理解するのではなく、社会全体のレベルで、除外と包含の関係において捉えること、これがバルトの理解する『狂気の歴史』の「構造論的」な読解法である。こうした「構造」を、アルチュセールもまた『狂気の歴史』のなかに読み取ることになる。『資本論を読む』において、アルチュセールは『狂気の歴史』の「きわめて注目すべき文章から借りた用語」を使って、彼自身の構造論的な議論を展開している。

> 科学は、限定された理論的構造の地盤と地平、つまりそのプロブレマティックのうえではじめて問題を提起することができる。このプロブレマティックは、科学の特定の時期において、絶対的な限定された可能性の条件となり、したがってあらゆる問題提起の諸形式を絶対的に限定する。
>
> これによってわれわれは、見えるものを見えるものと規定し、それと一緒に見えないものを見えないものとして規定すること、そして見えないものを見えるものに結びつける有機的な絆を理解できるようになる。〔……〕
>
> 見えるものを定義する同じ関連はまた、見えないものを、見えるものの影の裏面として定義する。見えないものを定義され排除されたものとして定義し構造化するのは、プロブレマティックの場である。この見えないものは、プロブレマティックの場の存在と固有の構造によって、可視性の場から排除され、排除されたものとして定義される。
>
> （『資本論を読む』「序文」）

ここでアルチュセールが「見えるもの - 見えないもの」の関係として語っているのは、フーコーが「理性 - 狂気」の関係として示したものである。したがって、アルチュセールは、フーコーが『狂気の歴史』で先取りした構造論的なプロブレマティックを、踏襲していると言えるだろう。しかし、フーコーの「構造主義」が開花するのは、何よりも『言葉と物』である。

II 構造なき構造主義

プチ・パンのように売れた本

『狂気の歴史』につづいて、フーコーは『臨床医学の誕生』(一九六三年)を発表したが、エリボンの『ミシェル・フーコー伝』(一九八九年)によると、これは「あまり反響を呼ばなかった」。それに対して、フランスだけでなく世界において、フーコーの名を一躍とどろかせたのは、『言葉と物』(一九六六年)である。この本は、内容的にごく限られた範囲の読者向けであったにもかかわらず、著者と出版社の想定を大きく超えて、「小さな菓子パンのように売れる」と表現されたほど成功した。

なぜ、それほど売れたのだろうか。その当時の状況を確認するために、少し長いけれどエリボンの報告を引用しておきたい。

『言葉と物』が大好評のうちに迎えられたのは、この本が世に出た時の文化状況に部分的には起因している。すなわち、一九六六年は《構造主義》論争がたけなわだったのである。すでに一九五八年には、クロード・レヴィ＝ストロースの『構造人類学』が、新学派の、新しい《哲学》流派の宣言書として出版された。一九六二年にレヴィ＝ストロースは、事態を明確なものにしたのだった。つまり、『野生の思考』の終わりでサルトルをかなり手厳しく攻撃し、敵対者サルトルの哲学を現代の神話と見なした。〔……〕一九六六年には、ラカンの『エクリ』が、何年かにわたって公表された文章をまとめて出版される……。六〇年代の初めから、すべての知的専門誌は、構造主義の特集号を出さない場合でも毎号構造主義を扱っている。〔……〕あらゆる知的領域で誰もが立場をはっきりさせるよう求められた、と言うよりむしろ、自ら進んで自分の立場を知らせようとした。知的論争がこれ以上激しく沸騰することは稀《まれ》であったろう。

（『ミシェル・フーコー伝』第二部）

こうした状況に、フーコーが『言葉と物』を投げ入れたのである。フーコーは当時、インタビューでサルトルを厳しく批判して、レヴィ＝ストロースやラカンの側に自分を位置づけていた。こうして、フーコーは瞬《また》く間に「構造主義の旗手」と見なされるようになったのだ。それほど評判になった『言葉と物』は、何を明らかにしたのだろうか。

「歴史的ア・プリオリ」としてのエピステーメー

『言葉と物』を貫くキーワードは、ギリシア語の「エピステーメー」からつくられている。もともとのギリシア語では、「臆見」と訳される「ドクサ」に対比されて、「真の知識」をさす言葉だ。フーコーはこれに独自の意味をもたせ、『言葉と物』の中心においたのである。「エピステーメー」というのは、知が活動するための「基盤」や「台座」であり、それにもとづいて認識や理論が可能になる「秩序の空間」と考えられている。

ある文化のある時点においては、つねにただひとつの《エピステーメー》があるにすぎず、それがあらゆる知の可能性の条件を規定する。それが一個の理論として明示される知であろうと、実践のうちにひそかに投資される知であろうと、このことにかわりはない。

（『言葉と物』第六章）

こうした「エピステーメー」を、フーコーはカントの言葉を組み換えながら、「歴史的ア・プリオリ」という形容矛盾のような言葉で表現している。カントによれば、さまざまなカテゴリーは、経験に先立ち、経験を可能にする「ア・プリオリな条件」であって、いわば超歴史的なものと見なされていた。ところが、カントのこうした「ア・プリオリ」を、フーコーは歴史化するのだ。フーコーにとって、「エピステーメー」は、経験を可能にするとしても、あくまで歴史的である。

このようなア・プリオリは、ある時代において、経験のなかにひとつの可能な知の場を切りとり、そこにあらわれる対象の存在様態を規定し、日常的視線を理論的能力で武装するものであり、物に関して真実と認められる言説《ディスクール》を述べうるための諸条件を規定するものなのだ。

（同前、第五章）

「エピステーメー」は「歴史的ア・プリオリ」であって、時代に応じて変化していく。フーコーは『言葉と物』で三つの時代を区分し、それぞれの「エピステーメー」を取り出している。こうした時代区分は、基本的に『狂気の歴史』と変わらない。具体的に言えば、一六世紀までの「ルネサンス」期、次に一七・一八世紀の「古典主義」時代、そして一九世紀以降の「近代」である。では、三つの時代の「エピステーメー」は、それぞれどう理解されるのだろうか。

フーコーの叙述は詳細をきわめているが、ここではポイントだけ簡単に確認しておけばいいだろう。まず、ルネサンス期までの「エピステーメー」として、フーコーが挙げているのは、「類似」ないし「相似」である。フーコーは、次のように言っている。

一六世紀末までの西欧文化においては、類似というものが知を構築する役割を演じてきた。テクストの釈義や解釈の大半を方向づけていたのも類似なら、象徴のはたらきを組織化し、目に見える物、目に見えぬ物の認識を可能にし、それらを表象する技術の指針となっていたのもやはり類似である。

（同前、第二章）

ところが、こうした「エピステーメー」は一六世紀末ごろには終わりを迎え、新たな時代、すなわち「古典主義」の時代が始まる。その移行期にあたるのが、「バロック」と呼ばれている時代だ。「一七世紀初頭、ことの当否はべつとしてバロックと呼ばれる時代に、思考は類似関係の領域で活動するのをやめる。相似はもはや知の形式ではなく、むしろ錯誤の機会」である。では、そのかわりに、いかなる「エピステーメー」が始まったのだろうか。

〔そのエピステーメーは〕知の基本的経験かつ本源的形態としての類似をしりぞけ、類似のうちに、同一性と相違性、計量と秩序の用語で分析すべき雑然たる混合物を摘発する、古典主義時代の思考なのだ。

（同前、第三章）

時　代	ルネサンス期	古典主義時代
エピステーメー	類似・相似	同一性・相違性による比較

ルネサンス期から古典主義時代へ

「古典主義」時代には、類似関係ではなく、「同一性」と「相違性」という計算可能な「比較」によって分析される。こうした「比較」はまた、分割されたものを配列することによって、「秩序」を形成することも可能になる。この「エピステーメー」について、フーコーは「望むなら、合理主義の名で呼んでもよかろう」と語っている。ところが、この古典主義の「エピステーメー」も、フランス革命のころに終わりを迎えるのだ。

> 一八世紀の末葉は、一七世紀初頭にルネッサンスの思考を破壊したそれと対称的な、ひとつの不連続によって断ち切られている。一七世紀はじめには、相似を包みこんでいた大きな円環状の諸形象が分解して破れ、同一性の表《タブロー》〔台座〕が展開するのを可能にしたのだが、いまやこの表《タブロー》も解体し、知はさらに新たな空間に宿ろうとしているのだ。
>
> （同前、第七章）

こうして、近代とその「エピステーメー」が始まるわけである。では、近代の「エピステーメー」とは何だろうか。

人間の死と人間諸科学の考古学

ここで注意しておきたいのは、一九世紀からはじまった「近代」が現代にまでつづくことである。古典主義から近代への転換を、「西欧文化に起こったおそらくもっとも根源的な出来事」と語りながら、フーコーは次のように述べている。「今日のわれわれは、この出来事の大きな部分を把握することができずにいるが、それはおそらく、われわれがまだこの出来事の拡がりのなかにあるからなのだ」。

フーコーの理解では、現代のわれわれも、近代の「エピステーメー」に支配されている。では、「われわれの同時代のものであり、われわれが否おうなく考えている思考」、つまり近代・現代の「エピステーメー」とは、いったい何だろうか。

一八世紀末以前に、《人間》というものは実在しなかったのである。〔……〕《人間》こそ、知という造物主がわずか二百年たらずまえ、みずからの手でこしらえあげた、まったく最近の被造物にすぎない。

（同前、第九章）

こうした文章は、フーコーの名前を一躍有名にしたもので、今さら繰り返さなくてもよさそうだけれど、その意味について確認しておこう。ここで「近代においてはじめて《人間》が実在する」という場合、生身の「人間」をいうのではなく、「人間」に対する一定の理解の仕方をさしている。昔から、人間が存在していたことは当然のことだが、人間に対する一つの独特な見方が、近代において始まった、というわけである。では、どんな見方であろうか。

人間とは奇妙な経験的＝先験的〔超越論的〕二重体である。それこそ、そのなかであらゆる認識を可能にするものの認識がおこなわれる、そうした存在だからだ。（同前）

人間というものが、世界のなかで、経験的＝先験的〔超越論的〕二重性の場所であるとすれば、また人間というものが、そこで認識の経験的諸内容が自身から出発してそれらを可能にした諸条件を解放する、あの逆説的形象でなければならぬとすれば、人間は、コギトの直接的で至上の透明さのなかに示されることはできない。（同前）

こう語るとき、フーコーが想定しているのは、カントの「人間」理解である。カントにおいては、「人間は、知にとっての客体であるとともに、認識する主体でもある、その両義的立場をもってあらわれる」。この認識主体の側面を表現するのが、「経験に先立ち、経験を可

時　代	近　代 （19 世紀〜われわれの時代）	現　代 （近代の終わり）
エピステーメー	「人間」	「人間」の消滅
学　問	人間諸科学 （生物学・経済学・言語学）	構造主義 （精神分析学・文化人類学・構造言語学）

近代から現代へ

能にする」という意味の「超越論的」（先験的）である。「人間」は、あらゆる経験可能なものが、認識可能になる場なのだ。

フーコーによれば、こうした「人間」理解が生まれてはじめて、西洋文化において「人間諸科学」が成立した。ここで「人間諸科学」というのは、具体的には生物学・経済学・言語学をさしている。しかしながら、『言葉と物』のなかで一番ショッキングだったのは、「人間の死」というテーゼではないだろうか。フーコーは、隆盛化しつつある三つの学問、つまり精神分析学・文化人類学・構造言語学を引きあいに出しながら、それらが「人間をその終焉《しゅうえん》に導く」のではないか、と疑問を提起している。

というのも、それらの学問では、「人間という概念なしですますことができるばかりか、人間を経ていくこともありえない」からである。こうして、フーコーは『言葉と物』の最後で、最も有名な文章を書いている。

ともかく、ひとつのことがたしかなのである。それは、人間が人間の知に提起されたもっとも古い問題でも、もっとも恒常的な問題でもないということだ。〔……〕人間は、われわれの思考の考古学によってその日付けの新しさが容易に示されるような発明にすぎぬ。そしておそらくその終焉は間近いのだ。〔……〕人間は波打ちぎわの砂の表情のように消滅するであろう。（同前、第十章）

フーコーは構造主義者か

フーコーは『言葉と物』を出版することによって、当時流行しつつあった「構造主義」の中心的な唱道者と見なされるようになった。じっさい、『言葉と物』の最後で、「人間の死」が語られるとき、精神分析学（ラカン）・文化人類学（レヴィ＝ストロース）・言語学（ソシュール）と関係するのは明らかである。そのため、一九六七年のインタビューで、「あなたは「構造主義」の司祭として通っている」と言われた後、フーコーは「私は構造主義の司祭ではなく、せいぜいその聖歌隊の少年にすぎません」と応答している（『ミシェル・フーコー思考集成Ⅱ』）。

したがって、ある時点まで、フーコーが自分を「構造主義者」と見なしたことは間違いないだろう。そのとき、フーコーの「構造主義」とはいかなるものだろうか。『言葉と物』のキーワードが「エピステーメー」であることからも分かるように、フーコーは、一定の時代において人々が思考するときの、いわば無意識的な基盤を解明していた。これは、物のあいだに一つの「秩序＝諸要素の一体系（システム）」を設けることである。こうした認識の無意識的なシステムを研究するかぎり、フーコーの理論は「認識論的構造主義」と呼ぶことができるだろう。

しかし、フーコーの『言葉と物』には、激しい批判があったことも事実である。そのなかで、スイスの心理学者ジャン・ピアジェが文庫クセジュの『構造主義』（一九六七年）で展開したフーコー解説を見ることにしよう。ピアジェは、『言葉と物』から期待してもよいものとして、「人間の科学に対する有益な批判、エピステーメーという新たな概念の十分な解明、そして、構造主義を制限的なものと考える彼（フーコー）の見方の理由づけ」を挙げている。ところが、「これらの三つの点は、いずれも期待はずれに終わる」と述べている。こうして、ピアジェは次のように結論づけている。

フーコーの構造主義を、構造なき構造主義と呼ぶことは誇張でない。それは、歴史と発生との蔑視、機能の軽視、そしてこれまでにないほど徹底した主体そのものの否定など（人間はやがて消滅するというのだから）、静態的構造主義のあらゆる否定的側面を含んでいる。肯定的側面についていえば、フーコーの構造は形象的な図式にすぎず、自己制御によって必然的に保存される変換体系ではない。窮極的には非理性主義であるフーコーの思想の唯一の定点は、個人の外部にあるゆえに人間を支配するものと理解された言語への呼びかけである。だが彼は、《言語の存在》さえも故意に一種の神秘のうちに残しており、ただその《謎めいた執拗さ》を好んで強調するにすぎない。（『構造主義』）

かなり手厳しいが、フーコーを「構造主義者」と見なすとすれば、ピアジェの批判は的中しているように見える。フーコーには、「自己制御によって必然的に保存される変換体系」という、レヴィ＝ストロースにとって重要な「構造」概念が欠けているのではないだろうか。そのため、フーコーは後になって、「構造主義」というレッテルを貼られることを拒否するようになるだけでなく、レヴィ＝ストロースも「フーコーが構造主義者と同一視されるのを拒絶したのは当然のことだった」と見なしている。

こうした「構造主義」からの離反を明確に宣言するのが、『知の考古学』である。その書においてフーコーは、「『言葉と物』のなかで構造という用語をただの一度も用いなかった」と弁明し、「同じままであり続けるようにと言わないでくれたまえ」と要求しながら、「構造主義」とは別の道を歩みはじめる。しかし、フーコーはどこへ向かったのだろうか。

Ⅲ　権力論のアポリアと主体・倫理への回帰

フーコーの最後の理論闘争

フーコーの変化に影響を与えたのは、「一九六八年五月」の出来事だとされている。とはいえ、フーコーはこのとき、パリに不在だったこともあって、直接参加したわけではなかった。それにもかかわらず、この出来事は、彼の思想に転換を迫ることになる。それをここでは、フーコーの「権力論的転回」と呼ぶことにしよう。フーコーは、一方で一九七〇年にアカデミズムの最高峰「コレージュ・ド・フランス」の教授に就任するとともに、他方で「DIP（監獄情報グループ）」の政治活動に参加している。

こうした学問と政治活動の成果として、フーコーは七五年に『監視と処罰―監獄の誕生』を、つづく七六年に『性の歴史Ⅰ　知への意志』を公刊する。七〇年代の中期に発表されたこの二つの著作が、一般に「権力論の革命」を引き起こしたと評価され、フーコーの名声をさらに高めることになった。ところが、「権力論」には、決定的なアポリアが潜んでいたように思われる。そのため、『性の歴史』の続刊を読者たちが待ち望んでいたにもかかわらず、フーコーは長らく沈黙し、「権力論」をさらに展開しなかった（できなかった？）のである。

およそ八年の後、やっと『性の歴史』の第二・三巻が出版された。しかし、今までのフーコーからは想像もできないようなテーマや議論が展開され、そのうえ第一巻の「権力論」とのつながりがまったく見えなかった。第二・三巻でテーマとされたのが「生き方としての倫理」の問題だったので、この新たな展開をフーコーの「倫理的転回」と呼ぶことにしたい。

　こうして、今から理解すべきテーマは、フーコーの「権力論的転回」と「倫理的転回」である。それぞれの意味を考えると同時に、この二つの転回の関係をも考えなくてはならない。

ニーチェへの回帰（「権力論的転回」）

　フーコーの「権力論」を取り上げるに先立って、彼の「ニーチェへの回帰」を確認しておこう。ニーチェの遺稿となった著作が『権力への意志』であるのは周知のことだが、彼の著作にはまた『道徳の系譜学』（一八八七年）も含まれている。その著作を念頭におきながら、フーコーは一九七一年にニーチェ論（「ニーチェ・系譜学・歴史」）を発表し、自分の理論に「系譜学」の概念を取り込んでいる。さらに言えば、フーコーは『監視と処罰』の目標を、「近代精神」の「系譜学」とさえ述べている。とすれば、フーコーが「権力論」に転回するとき、スプリング・ボードとなったのはニーチェだと考えてもいいだろう。

　また、「権力論」の構築にさいして、おそらく同時代の議論も大いに刺激を与えたはずである。その一つがアルチュセールの「イデオロギー論」である。フーコー自身は明言していないとしても、七〇年に発表されたアルチュセールの論文「イデオロギーと国家のイデオロギー諸装置」を見れば、二人が共通の問題圏を動いているのは明らかだろう。そしてもう一つは、『監視と処罰』の註で参照されているドゥルーズ＝ガタリの『アンチ・オイディプス』（一九七二年）である。それについては後に触れるが、ここでは『アンチ・オイディプス』の英語版にフーコーが序文を寄せている点だけ指摘しておこう。

では、フーコーの「権力論」は、今までの「権力」概念と比較して、どこが新しいのだろうか。フーコーの理論は、どうして「権力論の革命」と呼ばれるのだろうか。

一般に「権力」という場合、「特定の人物や組織が、上から下へと、強制的・暴力的に支配・抑圧すること」だとイメージされてきた。ところが、フーコーによれば、こうした「権力」観は、「絶対君主」がふるう権力であって、現在では有効とは言えないだろう。

権力は「排除する」、権力は「抑制する」、権力は「抑圧する」、権力は「取り締まる」、権力は「捨象する」、権力は「仮面をつける」、権力は「隠蔽する」などの、否定的な言い方で常に、権力の効果を述べることは止めにしなければならない。じっさいには、権力は生みだしている。権力は現実的なものを生みだしている。

（『監視と処罰―監獄の誕生』第三部第二章）

そこでフーコーは、『監視と処罰』において、「処罰」の歴史的な推移をたどりながら、

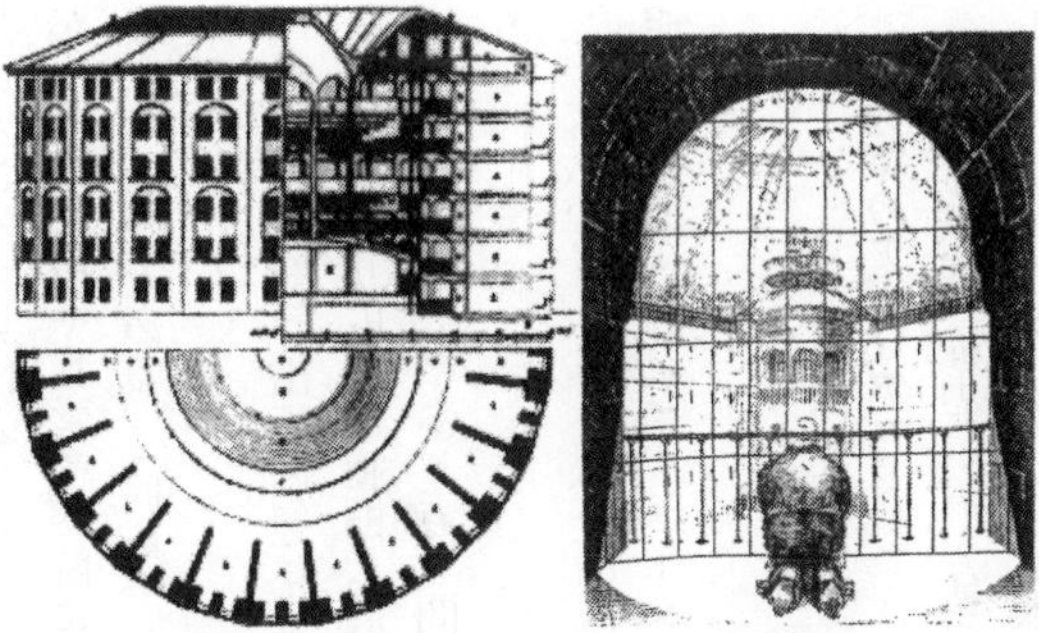

ベンサムが考案したパノプティコンと独房

「権力」のあり方がどう変化したのかを詳細に解明する。フーコーが問題にするのは、一七・一八世紀の古典主義時代から、一九世紀以降の近代社会への転換である。フーコーによれば、古典主義時代では、犯罪に対する処罰は、君主が自分の「権力」を誇示するように、暴力的で残虐だった。ところが、近代になると、残虐な身体刑が消滅し、「監獄」が作られるようになる。

この近代的な権力の典型が、イギリスの功利主義者ジェレミー・ベンサムによって考案された「パノプティコン(一望監視施設)」である。これは、囚人を個別的に空間配置し、できるだけ少数の監視者で、できるだけ多くの囚人を合理的に監視するシステムだ。監獄では、規律訓練が施され、囚人は監視されているという視線を内面化して、自分の内発的な欲望として服従していく。ここでは、権力は上からではなく逆に下から、強制的にではなくむしろ自発的に働いている。

フーコーによれば、こうした「権力」のあり方は監獄だけではなく、学校・寄宿舎・工場・病院・軍隊など、近代社会の閉鎖された空間では、いたるところで見出《みいだ》される。つまり、監獄は、そうした近代的な権力のモデルなのだ。「監獄が工場や学校や兵営や病院に似かよい、こうしたすべてが監獄に似かよっても何にも不思議ではないのである」(同前)。学校でも、工場でも、病院でも、そのどこにおいても、権力関係は存在している。

『監視と処罰』出版の翌年、フーコーは『性の歴史』の第一巻(『知への意志』)を発表し、権力論をより広範な範囲で展開し始めた。今度は「家庭における権力」をテーマにし、「性」にかかわる権力のあり方を問題にしたのである。今まで「性」にかんしては、フロイトによる「抑圧仮説」が定着していることもあって、「権力」の古いイメージがつきまとっていた。ところが、フーコーはそれを一掃し、「欲望が抑圧されていると想像するいわれはない」と明言する。こうして、フーコーは「性」と「権力」の新たな理論を構築することへ向かっていく。

権力論のアポリア

ところが、「権力」論を拡張していくことによって、フーコーは根本的な難問に遭遇したように思われる。それは基本的に二つある。その一つは「生権力」という新たな概念をどう位置づけるかという問題であり、もう一つは「権力」概念そのものにまつわる問題である。

こうした問題を、ここでは「権力論のアポリア」と呼んでおくことにしよう。フーコーは、『知への意志』を書いた後で、このアポリアにどう対処するか、思案することになった。ところが、その解決法は、容易に見つからなかったのである。そこで、その理由を考えるために、それぞれ確認することにしよう。

一つ目は「生権力」の問題であるが、フーコーはこの概念を『知への意志』の最終章でやや唐突に提出している。今までの「規律権力」とは別に、「生命を保証し、支え、補強し、増殖させ、またそれを秩序立てる」権力として、「生命に対する権力」が語られるのだ。そうなると、「規律権力」と「生権力」の関係は、どう理解したらいいのだろうか。フーコーは、その二つを次のように規定している。少し長くなるが、引用しておこう。

具体的には、生に対するこの権力は、一七世紀以来二つの主要な形態において発展してきた。その二つは相容《あいい》れないものではなく、むしろ、中間項をなす関係の束によって結ばれた発展の二つの極を構成している。その極の一つは、最初に形成されたと思われるものだが、機械としての身体に中心を定めていた。身体の調教、身体の適性の増大、身体の力の強奪、身体の有用性と従順さとの並行的増強、効果的で経済的な管理システムへの身体の組み込み、こういったすべてを保証したのは、規律を特徴づけている権力の手続き、すなわち人間の身体の解剖-政治学《アナトモ・ポリチック》（解剖学的政治学）であった。第二の極は、やや遅れて、一八世紀中葉に形成されたが、種《しゅ》である身体、生物の力学に貫かれ、生物学的プロセスの支えとなる身体というものに中心を据えている。繁殖や誕生、死亡率、健康の水準、寿命、長寿、そしてそれらを変化させるすべての条件がそれだ。それらを引き受けたのは、一連の介入と、調整する管理であり、すなわち人口の生-政治学《ビオ・ポリチック》(生に基づく政治学)である。身体に関わる規律と人口の調整とは、生に対する権力の組織化が展開する二つの極である。

(『性の歴史I 知への意志』第五章)

ここで問題となるのが、「規律権力」と「生権力」の関係をどう考えるのか、ということである。引用箇所を見るかぎり、「生権力」は「規律権力」をも包括する概念のように思われる。しかし、このとき、「生権力」はきわめて曖昧な位置づけになるのではないだろうか。一方で「規律」に対立する極として、他方で「規律」をも含んだものとして。さらに言えば、そもそも、「生権力」は、人々の末端部分で作用し、下から上に働く、フーコー独自の「権力」概念とは異なるのではないだろうか。いずれにしろ、「生権力」を、今までの「規律権力」とどう関連づけるかは、明確とは言えないだろう。

また、二つ目はもっと深刻な問題であって、フーコーの「権力」概念そのものにかかわっている。フーコーの「権力」概念の特徴は、「権力」の外を認めないことにある。「権力のあるところには抵抗がある。そして、それにもかかわらず、というかまさにそのゆえに、抵抗は権力に対して決して外側に位置するものではない」。つまり、フーコーの考えでは、権力に抵抗したり、権力と衝突したりしても、結局は権力関係に吸収されてしまうのである。簡単に言ってしまえば、「すべては権力関係である」と表現できる。しかし、そうなってしまうと、そもそも「権力」をどう批判できるか、分からなくなるだろう。フーコーが陥った「権力の袋小路」について、ドゥルーズが次のように語っている。

ここで注目しておきたいのは、『知への意志』のあと、フーコーが八年ものあいだ本を出していないという事実です。完璧な計画を立てていたにもかかわらず、フーコーは『性の歴史』の続編を中断してしまう。〔……〕私が思うにフーコーはひとつの問題にぶつかった。権力を「超えるもの」は何もないのか。自分は権力関係に閉じこもって袋小路にはまりつつあるのではないか。こうしてフーコーは何かに呪縛されたようになり、本来なら憎悪の対象であるはずのもののなかに投げかえされたような状態になる。

（『記号と事件』「フーコーの肖像」）

権力論のこうした問題に、フーコーはどのように答えるのだろうか。多くの人は、固唾《かたず》をのんで、フーコーの答えを待っていた。ところが、『性の歴史』の続刊は、なかなか出版されなかったのである。そのため、『知への意志』から八年後に、第二・三巻が出版されたときは、フーコーの明確な回答が得られると期待されたのである。じっさいには、どうだったのだろうか。

主体と実存の美学（「倫理的転回」）

疑問は解消されるどころか、むしろ謎が深まったように思われる。フーコーは、『性の歴史』の続刊で、今までとはまったく異なる思考法を示しているからだ。そのあたりの事情を、フレデリック・グロは文庫クセジュの『ミシェル・フーコー』のなかで、次のように語っている。

六〇年代、断固たる宣言をくだし、主体の根絶を告げたフーコーではあるが、その最晩年の仕事は、往々にして、主体への回帰によって救済を求めようとする志向のうちに置かれていた。この点に関して、その業績のうちに、突発的な方向転換を、矛盾を見てとるべきだろうか。たしかに、フーコー晩年の著作は、古代ギリシア・ローマ時代を歴史的参照枠としていることひとつをとっても、驚きを呼ぶにたる。『狂気の歴史』から『監視と処罰』まで、先行する著作はすべてルネサンス期から一九世紀までの西欧という枠組のうちにとどまっていた。性の歴史をめぐる連作の第二巻と第三巻に添付された簡単な内容紹介で、フーコーは次のように解説している——「性現象《セクシュアリテ》を歴史的に独自な経験として語ろうとすることは、欲望する主体の系譜学を企てること、そしてキリスト教的伝統の発端を超えて、古代哲学にまで遡行《そこう》することを前提として含みもつ」。

（『ミシェル・フーコー』第三章）

じっさい、『性の歴史Ⅱ　快楽の活用』の序文において、フーコーは古代ギリシア・ローマに遡《さかのぼ》りながら、「生存（実存）の技法」や「生存（実存）の美学」について語り、「道徳への回帰」を強く主張している。これではまるで、フーコーが「実存主義者」にでもなったように見える。

それだけではない。今まで、フーコーは「主体」や「主体化」という概念については、「人間の消滅」というテーゼと相まって、必ずしも評価してこなかった。また、『監視と処罰』では、アルチュセールと同じように、「主体」や「主体化」を「服従する臣民」や「服従する臣民化」という形で捉えてきた。ところが、『性の歴史』の続刊では、「主体化」は「倫理的な作業の入念な磨き上げ」として、積極的に肯定されるようになった。

フーコーのこうした転換は、その当時の講義録や発言集などが出版されていなかったので、それを理解するための資料があまりなくて、長いあいだ謎のままだった。ところが、最近では、そうした資料を一般にも利用できるようになったので、「権力論から自己・倫理への回帰」について、ずいぶん追跡できるようになっている。

それでも、「最後のフーコー」において、なぜ「権力」から「主体」へと転換しなくてはならなかったのか、十分明確になったとは言い難い。「主体」へと回帰することで、はたして「権力論のアポリア」は解決されたのか、疑問は残されたままである。

第4章　人間主義と構造主義の彼方へ——ドゥルーズ＝ガタリ

「六八年五月」とポスト構造主義

『構造主義の歴史』においてドッスは、構造主義のピークが一九六六年だったと述べ、そのころの状況を次のように描写している。「当時パリの名士はすべて構造主義者となり、現代思想そのもの、当時の巨匠思想家のほとんどすべてをすばらしい統一に引き込むと見える現象を激しい好奇心をもって発見する」。そのころは、サッカーの監督までもが、「構造主義的再編によってチームの成績向上をはかる」と言ったらしい。

ところが、このような熱狂も長くは続かず、すでに六七年には退潮が始まっていた。それを決定的にしたのが「六八年五月」だった。そのため、六八年五月は、「単にパリの学生騒動ではない。〔……〕それはまた、構造主義の死亡証明書だ」とさえ言われる。こうして、今まで「構造主義者」と呼ばれていた思想家たちは、「構造主義」からの離反を表明するようになったのである。

ドゥルーズ

その一人がミシェル・フーコーだった。フーコーは一九七〇年に、コレージュ・ド・フランスの教授に就任するとともに、構造主義から距離をとって新たな思想活動を開始していた。そして、フーコーの活動に同調しつつ、ハッキリと「アンチ構造主義」路線を宣言したのが、ジル・ドゥルーズ（Gilles Deleuze）とフェリックス・ガタリ（Pierre-Félix Guattari）である。彼らは共同で『アンチ・オイディプス』（一九七二年）を執筆し、「六八年五月の精神」に言葉を与え、構造主義の彼方《かなた》に歩みを進めたわけである。

ドゥルーズは一九二五年生まれでフーコーより一歳年長であり、三〇年生まれのガタリとは五歳ほど離れている。ドゥルーズは哲学史研究を行なって、ヒューム、ベルクソン、ニーチェ、スピノザにかんするユニークな解釈を出版していた。また、『差異と反復』（一九六八年）や『意味の論理学』（一九六九年）といった本格的な哲学書を公刊し、オーソドックスな哲学者とさえ言えるだろう。それに対して、ガタリはまったく異なるタイプの思想家で、ラカン派の精神医学を学ぶと同時に、実践的な活動にも携わっている。

この二人が最初に出会ったのは、「六八年五月」のおよそ一年後であった。それから、二人は共同作業をはじめ、その三年後に共著を出すにいたった。それが『アンチ・オイディプス』である。この書物は発売されるやいなや、「六八年五月の思想」として、若い世代に熱狂的に迎えられたのだ。こうして、構造主義の解体が始まったのである。しかし、『アンチ・オイディプス』は、どうして多くの読者に受け入れられたのだろうか。また、そのどこが、「六八年五月の思想」なのだろうか。

そのカギは、『アンチ・オイディプス』の英訳書（一九七七年）に掲載されたフーコーの序文を見るとよい。その序文で、フーコーはこの書物の意義を次のように語っている。

ガタリ

『アンチ・オイディプス』を新たな理論的レフェランスとして読むのは恐らく誤りだろう〔……〕私の思うに、『アンチ・オイディプス』の最良の読みかたは、「技芸《アート》」として〔……〕この本に接近することだ。〔……〕

こう言おう、『アンチ・オイディプス』とは倫理の書だ、ずいぶん長い時を経てフランスで書かれた初めての倫理の書だ（恐らく、そうだからこそ、この本の成功は特定の読者層に限定されることがなかったのだ。つまり、反《アンチ》＝オイディプスであることが生のスタイルになったのだ、思考と生の一様態になったのだ）と。

（『ミシェル・フーコー思考集成Ⅷ』）

このフーコーのアドバイスによれば、『アンチ・オイディプス』は「アンチ・オイディプス的な生き方・考え方」を提示した点で、多くの読者に支持されたことになる。そして、この生き方・考え方こそが、フランスの六八年五月で求められたのである。ドゥルーズとガタリは、六八年五月において、人々が求めた生き方・考え方を理論化して、構造主義以後の新たな思想を提唱したわけである。このように見ると、『アンチ・オイディプス』は、「六八年五月」を思想において捉え、ポスト構造主義の流れを作った、と言えるのではないだろうか。

I 「アンチ・オイディプス的生き方」宣言

「六八年五月」が提起した問題

『アンチ・オイディプス』が「六八年五月の思想」というためには、まず六八年五月が何を問題提起したのか、確認しておかなくてはならない。ここでは、二つの側面から考えたいと思う。

その一つは、「六八年五月では何が革命的な主体となったのか」という問題である。従来の革命運動では、民族解放運動のときの被抑圧民族や、階級闘争での労働者などが、革命的主体となってきた。ところが、六八年五月は、消費社会が進行したことによって、まったく異なる様相を見せたのである。たとえば、その始まりは、大学における男女の学生寮の自由な往来といった、ごく些細《ささい》なことだった。これは階級闘争でもなければ、民族解放闘争でもない。

こうした日常的な要求には、個々人の自由な生き方や欲望の解放という考えが、含まれている。学生たちは、大学や社会によるさまざまな束縛に異議を唱え、旧来の秩序を解体し始めたのだ。そう考えると、六八年五月において、いわば原理となったのは欲望である、と言ってよいだろう。じっさい、このとき人気のあった思想家は、新フロイト派のヘルベルト・マルクーゼやヴィルヘルム・ライヒであったけれど、彼らの理論は「欲望の解放」を中心に展開されている。

ところが、「欲望の解放」にもとづく運動は、ある時点までは高揚したとはいえ、人々が最終的に革命ではなく、秩序と安定を選ぶことによって、敗北するにいたったのだ。つまり、人々は革命ではなく、むしろ秩序を欲望したわけである。

そこで、二つ目の側面、すなわち「六八年五月はなぜ失敗したのか」という問題が浮上する。人々はどうして、欲望の解放ではなく、むしろ秩序を選んだのだろうか。この理由をつきとめなくては、六八年五月を思想において捉え直すことはできないだろう。
こうして、ドゥルーズとガタリが直面したのは、これら二つの問題にどう答えるか、という課題である。その課題に対して、『アンチ・オイディプス』は、いったい何を示すことができたのだろうか。

原理となった欲望

『アンチ・オイディプス』をはじめて読むと、多くの人は、そのスタイルに度肝を抜かれるはずだ。著者たちがいったい何を主張しようとしているのか、まったく分からないのである（最初に私が読んだとき、そのような状態だった）。新奇な概念が次々と登場するだけでなく、そもそも著者たちが何を想定して語っているのか、皆目分からないのである。この本は、何か意味のあることを語っているのだろうか。おそらくこんな疑問をもちながら、読まなくてはならないだろう。

こうした最初の印象からすると、なぜ『アンチ・オイディプス』が売れたのか、不思議に思うかもしれない。ところが、『アンチ・オイディプス』を読み進めていくと、その基本的なメッセージが少しずつ見えてくる。それは、意外とシンプルで、「欲望を全面的に肯定する思想の展開である」と言ってよい。ドゥルーズ＝ガタリはまさに、六八年五月の原理（「欲望」）を、書物の中心に据えたわけである。

しかし、翻って考えてみると、「欲望」は必ずしもドゥルーズ＝ガタリの専売特許というわけではない。ラカンやバルトをはじめ、七〇年代のフランスでは、幅広く注目された概念である。したがって、問題は、『アンチ・オイディプス』の著者たちが「欲望」をどう捉えたかにある。

「欲望」を原理とするために、ドゥルーズ＝ガタリは「欲望する諸機械」という奇妙な概念を提示している。つまり、「欲望」が「諸機械」として理解されているのだ。「欲望」は「諸機械」として作動する、というわけである。しかし、そもそも「諸機械として作動する」とは何を意味するのだろうか。

ドゥルーズ＝ガタリによれば、「諸機械として作動する」というのは二つの矛盾した側面をもっている。一方で諸機械はそれぞれ相互に連結・接続し、それによって作動するが、他方でその連結には必然性がなく、たちまち断絶するのである。この二面性は、「結びつきの不在によって結びつく」とか、「現に区別されているかぎりで一緒に作動する」といった、矛盾する表現によって定式化されている。哲学史的な知識によって補足すれば、ここでは原子論的発想も、有機体論的構想も、いずれも退けられるのだ。

こうした矛盾した二側面によって理解されるのが、まさに「欲望」なのである。「欲望」は他のものと結びつくが、この関係には必然性はなく、たえず断絶されることになる。それをドゥルーズ＝ガタリは、「流れと切断」という言葉で表現している。「欲望」は他のものと連結しなくては働かない（「流れ」）が、同時にその連結をたえず断ち切り（「切断」）、別のものへと向かい、新たな連結を作り出すわけである。「欲望」は多様な方向へと流れるのであって、その流れを規制（「コード化」）することは、「欲望」の本質に反している。

したがって、「欲望」は本来「脱コード的」である、と言われている。「欲望」は、それを限定し、意味づけして一定の方向へ導くような規制（「コード」）をもっていないからだ。もし、「欲望」を規制するような秩序があれば、「欲望」はそれを破壊するようなアナーキーな活動となる。ここから、ドゥルーズ＝ガタリの「欲望」に対する基本テーゼが出てくる。「欲望は本質的に革命的である」。

こうした「欲望」概念のポイントは、それが欠如や否定を一切含まず、まったく肯定的だ、という点にある。ドゥルーズ＝ガタリによると、プラトン以来「欲望」は、「欠如したものを獲得する」こととして、たえず否定的に理解されてきた。サルトルにしても、フロイトやラカンにしても、同じことである。しかし、そうした「欠如的なものを求める」否定的働きを、ドゥルーズ＝ガタリは「欲求」と呼んで、肯定的な「欲望」から区別した。つまり、肯定的な「欲望」と否定的な「欲求」という二分法である。

しかも、この二つは単に区別されるだけではない。彼らによれば、肯定的な「欲望」が本源的であって、否定的な「欲求」はそこから派生する。なぜなら、「欲望」は本来肯定的であって、いささかの否定も含まないからである。肯定的な「欲望」に、二次的に否定が持ち込まれると、「欲求」が生じてくるのだ。ところが、こうした「欲望」原理には、決定的な難点が潜んでいるように思われる。

「欲望のパラドックス」

その問題は、次のように表現できるだろう。——「欲望」が本源的で肯定的であるとすれば、そこからどうして否定的な「欲求」が派生するのだろうか。あるいは、「欲望」は、否定的なものを「欲望」することはないのだろうか。この問いは、次のように言いかえることができるだろう。——「欲望は本質的に革命的である」とすれば、「ひとはなぜ自分の抑制を欲望するようになるのか？」

つまり、本源的で革命的な「欲望」が、抑制という否定的で派生的なものを、どうして欲望するのか、ということである。「欲望」が原理であるかぎり、この問いは不可避であるだろう。これを、ドゥルーズ＝ガタリは「欲望のパラドックス」と呼んでいる。彼らによれば、この問い（「欲望のパラドックス」）は、スピノザによって発見され、ライヒによって大胆に提出された、政治哲学の最も重要な問いである。そしてまた、このパラドックスこそが、六八年五月において提起された問いなのだ。したがって、『アンチ・オイディプス』は、この問いに答えることを目的として書かれた、といっても過言ではない。

〔本書〕の目的は、〔……〕欲望する主体の中で、いかにして欲望が自分自身の抑制を欲望することになるのか、明らかにすること〔……〕。（『アンチ・オイディプス』第二章第五節）

じっさい、ドゥルーズ＝ガタリは『アンチ・オイディプス』のなかで、いく度もこの問いに立ち返っている。彼らは、そのたびに「ゆっくり分析する権利を要求する」と語っている。では、ドゥルーズ＝ガタリはその問いに対して、きちんとした形で答えているのだろうか。あらかじめ注意しておくべきは、「真の欲望」と「偽りの欲望」という区別を持ち込んでも、何の解決にもならないことだ。

欲望は、それ自身で、まるで意図しないかのようにして、自分の欲するものを欲することによって革命的なのである。〔……〕欲望的生産（「真の」欲望）が、潜在的に社会形態を吹き飛ばすような何かをもっているということである。それにしても、抑制さえもまた欲望されるとすれば、「真の」欲望とは何なのか。いかにこれらを区別するのか。――私たちは、非常にゆっくりと分析する権利を要求したい。なぜなら、間違えてはならないのだ、たとえこれらの使用法は対立しているとしても、これらは同じ総合作用なのである。

（同前、第二章第七節）

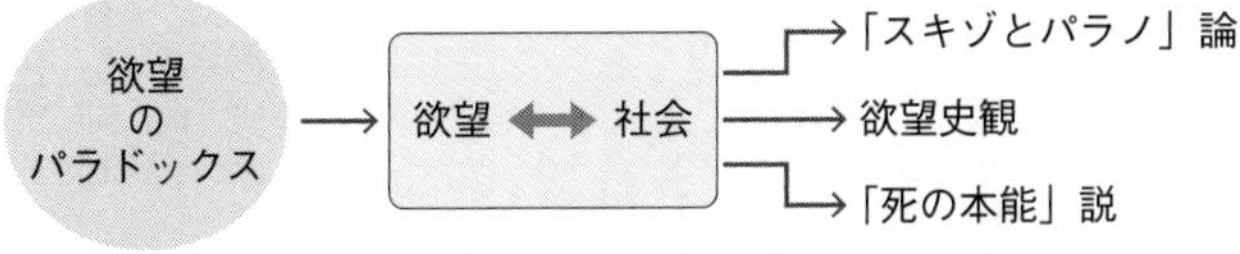

『アンチ・オイディプス』の展開

しかし、「真の」欲望と「偽りの」欲望を区別することが無意味だとすれば、「欲望のパラドックス」にどう答えたらいいのだろうか。ドゥルーズ＝ガタリが提出した暫定的な答えは、「社会の抑制によって、欲望が自分自身の抑制・抑圧を欲望するようになる」というものだ。つまり、「欲望」は本質的には革命的であるが、社会による抑制によって、欠如的な「欲求」や自分自身の抑制・抑圧を欲望する、というわけである。

言うまでもなく、こうした解決法は典型的な二元論である。一方に革命的な「欲望」があり、他方に否定的で抑制的な「社会」が対立している。しかし、これで問題が解決しないのは、ドゥルーズ＝ガタリ自身がよく知っていた。というのも、彼らは、『アンチ・オイディプス』を、「欲望」の一元論的視点からすべてを説明しようとしたからである。その視点からすれば、「社会」もまた「欲望」によって生み出されるだろう。こうして、結局、「最も抑制的な社会でさえも、欲望によって作り出される」と言わなくてはならないのだ。

こうなると、明らかに「循環」のうちに迷い込まざるをえないだろう。――「欲望」を抑制するのは「社会」である。ところが、「社会」を生み出すのは「欲望」そのものだ、という具合に。――繰り返して言えば、「欲望」が自分自身を抑制・抑圧するのでなければ、おそらく何の解決にもならない。しかしながら、肯定的で革命的な「欲望」が、どうしてそれを行なうことができるのだろうか。ドゥルーズ＝ガタリのように「欲望」一元論を主張するのであれば、何としてもそれを説明しなくてはならない。ドゥルーズ＝ガタリは、「欲望のパラドックス」をどう解決しようとしたのだろうか。

三つの解決策は成功したか

ドゥルーズ＝ガタリが『アンチ・オイディプス』において提示した方向は、基本的には三つあると思われる。一つは「スキゾとパラノ」の二元論であり、二つ目は「欲望史観」であり、三つ目は「死の本能」説である。はたしてそれらの解決策は、その問いに対して十分答えているだろうか。それぞれを見てみよう。

まず一つは、「スキゾフレニー（分裂症）」と「パラノイア（偏執症）」という二つの概念を導入することである。もともとは精神医学上の概念を、ドゥルーズ＝ガタリは「欲望」の二つの極として援用する。一方の「スキゾ」の極は革命的であるのに対して、他方の「パラノ」の極は反動的である、とされる。

分裂分析〔スキゾ分析〕の第四の最後の命題は、リビドーの社会的備給の二つの極を、パラノイア的、反動的、ファシズム的な極と、分裂気質の革命的な極を区別することである。

(同前、第四章第五節)

しかし、「欲望」のなかにスキゾとパラノの二元論を導入することによって、「欲望のパラドックス」は解決するのだろうか。一見したところ、スキゾ的で革命的な「欲望」を、パラノ的で反動的な「欲望」が抑制・抑圧する、と言えそうだ。しかし、そもそも、革命的な「欲望」は、どうして反動的でパラノ的「欲望」を生み出すことができるのだろうか。こう考えると、問題は振り出しに戻ってしまうのである。

そこで、二つ目の「欲望史観」を見ることにしよう。『アンチ・オイディプス』では、「欲望」概念を正当化するために、「欲望」と社会の普遍史的な展開を記述している。それは、未開・野蛮・文明の三段階に分けられ、それぞれ原始共同体・専制君主国家・近代資本制に対応している。さらにそれらの特質は、コード化・超コード化・脱コード化として、示されている。ここで注目したいのは、それぞれの段階ではなく、ドゥルーズ＝ガタリが普遍的な歴史を展開するさいの、基本的な構図である。

ドゥルーズ＝ガタリが描く普遍的な歴史は、基本的には二つの方向から成り立っている。一つは過去から現在までつづく、脱コード化へと向かう「欲望の多様な流れ」であり、もう一つはそれをつねに規制する社会である。本源的に革命的な「欲望」に対して、それを規制し、秩序づける社会の様式に応じて、歴史の諸段階が区別される。ここでは、「欲望」を規制するものは、つねに外からやってくる。そのため、歴史的変化は内在的に生じるわけではない。

こうした歴史的展開に端的に表れているのは、「欲望」と「社会」の二元論にほかならない。一方の「欲望」はたえず脱コード化する革命的なものであり、他方の「社会」がそれをつねに抑圧するのである。ドゥルーズ＝ガタリは「欲望」が「社会」によってどう規制されるか、という視点から歴史を描くのである。しかし、これでは「社会」が何か超越的な存在となって、つねに謎にとどまるのではないだろうか。そもそも、こうした二元論を拒否したところに、ドゥルーズ＝ガタリの原理があったはずだ。

それでは、三つ目の「死の本能」説はどうだろうか。『アンチ・オイディプス』の第四章で、次のように言われている。「未解決のままに残しておいた問題を私たちが再び取りあげるとすれば、いまこそその機会である。いま取りあげなければ、その機会は永遠にこない」。それに対して、ドゥルーズ＝ガタリは「答えは、死の本能である」と語っている。とすれば、「欲望のパラドックス」を解決するのは、「死の本能」である、と考えていいのだろうか。

ところが、「死の本能」がどのようにして「欲望のパラドックス」を解決するのか、ドゥルーズ＝ガタリは明示的に語ってはいない。彼らは、「欲望の多様な流れ」に対して、「死の本能が抑制装置を奪取」し、「欲望」を再コード化すると考えている。しかし、そのとき、どのようなことが想定されているのか、ほとんど分からないのである。そのため、「欲望が自分自身を抑制するのは死の本能によってである」と言ったところで、じっさいには何も問題を解決していないように思われる。だからこそ、ドゥルーズ＝ガタリは最後になって、次のように言うのである。

ここまで私たちを読んできた人びとは、おそらく私たちに多くの非難を向けたがっているかもしれない。〔……〕〔しかし〕これは誤った読み方であって、私たちは誤った読み方と、まったく読まないとでは、どちらがよいのか分らない。（同前、第四章第五節）

しかし、ドゥルーズ＝ガタリの弁明とは裏腹に、『アンチ・オイディプス』は「欲望のパラドックス」を解決するどころか、むしろ、それを放置したまま終わったのではないだろうか。

Ⅱ　欲望からリゾームへ

『アンチ・オイディプス』から『千のプラトー』へ

一九七二年に発表された『アンチ・オイディプス』は、「資本主義と分裂症」という全体のタイトルの、第一巻として位置づけられていた。この著作には、続刊が続くはずになっていたが、なかなか公刊されなかった。その第二巻『千のプラトー』が刊行されたのは、八年後の一九八〇年になってからである。その間、『リゾーム』（一九七七年）という小冊子が発表されたが、これは後に、『千のプラトー』の序文となった。出版されたとき、『千のプラトー』はどう受け取られたのだろうか。

『千のプラトー』で展開されるテーゼは、大きな注目の的になっていた。『アンチ・オイディプス』を読んで魅了された読者は、続きを早く読みたいと思いながら、八年も辛抱しなければならなかったからだ。しかしながら、このような大きな期待にもかかわらず、この本は成功には至らなかった。〔……〕『アンチ・オイディプス』が、そのターゲットをはっきり指示することによって、たちまちベストセラーになったのに対して、『千のプラトー』は無関心でもって迎えられた。

（フランソワ・ドッス『ドゥルーズとガタリ　交差的評伝』）

その違いは、どうして起こったのだろうか。『ドゥルーズとガタリ　交差的評伝』（二〇〇七年）を書いたフランソワ・ドッスによれば、「むずかしすぎる」、「あまりに濃密であった」からである。たしかに、この本は『アンチ・オイディプス』と比べて、はるかに読み進めるのが困難だ。序の「リゾーム」と結論をのぞけば、日付のついた一三の章から成り立っているが、各章の連関はあまり見えてこない。年代的に発展する、という考えを基本的に排除しているので、たとえば一九一四年から一挙にBC一〇〇〇〇年にぶっ飛んでしまう。

それだけではない。『アンチ・オイディプス』は、内容の読みにくさに比べ、そのメッセージはシンプルで、何となく分かったような気にさせてくれた。構造主義や社会体制が押しつける秩序と安定に対して、「ノン！」と拒否して、「アンチ・オイディプス」という新たな生き方・考え方を提唱したのである。それを表現する概念が、「欲望する諸機械」であった。

ところが、ドゥルーズ＝ガタリは、この概念（「欲望する諸機械」）を『千のプラトー』で放棄している。その理由は、おそらく「欲望のパラドックス」を『アンチ・オイディプス』で解決できなかったからである。「欲望」概念に訴えても、結局そのパラドックスに陥るだけで、そこから外に出ることができないのだ。そこで、『千のプラトー』は、「欲望する諸機械」に代わる概念と論理を提示せざるをえなくなるだろう。

『千のプラトー』が、提唱した概念や論理とは何だろうか。それは、どうして『アンチ・オイディプス』ほど熱狂的に受け入れられなかったのだろうか。

「リゾーム」概念の提示

『千のプラトー』で、主導的な概念となったのは何だろうか。「この著作の統一性とは何か」という問いに対して、ドゥルーズは「それはおそらく、《動的編成(アジャンスマン)》という(欲望する諸機械に取って代わる)概念でしょう」と答えている(『ドゥルーズとガタリ交差的評伝』)。「アジャンスマン」(邦訳書では英語風に「アレンジメント」)というのは、日常的には「整理」とか「配置」、あるいは「組み立て」といったごく普通の言葉である(ちなみに付言しておけば、この言葉は、ハイデガーが技術論を展開するとき、基軸とした概念「ゲシュテル〔組み立て〕」を想起させるだろう)。ところが、ドゥルーズ＝ガタリは、この「アジャンスマン」を、生物をモデルに構想したのだ。

たとえば、地下茎という意味の「リゾーム」を考えてみよう。この概念は、多様性と非等質性を原理とした「非中心化システム」とされ、もう一方の「序列(中心化)システム」の「樹木」に対置されている。そして、ドゥルーズ＝ガタリが「リゾーム」を評価して、「樹木」を拒否するのは、おそらく予想できるだろう。たとえば、次のように言われる。

リゾームがふさがれ、樹木化されてしまったら、もうおしまいで、もはや何一つ欲望から出てきはしない。なぜなら欲望が動き何かを産み出すのはつねにリゾームを通してなのだから。欲望が樹木にしたがうと必ず内的な下降が起こって、それが欲望を頓挫させ、死に導く。ところがリゾームは外的かつ生産的な勢いによって欲望に働きかけるのだ。
(『千のプラトー』「序 リゾーム」)

こうした「リゾーム」的なあり方で、他のものと多様な仕方で結びつくことが、「アジャンスマン」なのだ。しかし問題は、「リゾーム」的な「アジャンスマン」を、どう考えるかである。しばしば見受けられる解釈は、ドゥルーズ＝ガタリの「リゾーム的アジャンスマン」を、フーコーの「権力のネットワーク」と重ねて理解することである。たとえば、『知への意志』の訳書では、次のように補足されている。

権力が可能になる条件〔……〕は、最初に存在するものとしての中心点に、つまり派生して下へと降る諸形態がそこから拡がるはずの主権の唯一の中枢に求められるべきではない。それは、己が不平等によって絶えず権力の状態を、但し常に局地的で不安定なものとして誘導する力関係というものの、揺れ動く台座なのである（ドゥルーズ＝ガタリの「リゾーム構造」に等しい〔訳者の補足〕）。

（『性の歴史Ⅰ　知への意志』第四章）

たしかに、フーコーの「権力のネットワーク」もドゥルーズ＝ガタリの「リゾーム的アジャンスマン」も、上から強制的に働く「中心化システム」ではなく、多様な方向に広がる、局地的で不安定な「非中心的システム」である。ところが、両者では、その機能がまったく逆になっている。「リゾーム的アジャンスマン」が解放をめざすのに対して、「権力のネットワーク」はそうした希望を打ち砕いてしまう。

しかし、そうだとしたら、「リゾーム的アジャンスマン」も、『アンチ・オイディプス』の「欲望のパラドックス」から逃れられないのではないだろうか。表現が少し変わっただけで、結局は同じ論理の繰り返しではないだろうか。それとも、『千のプラトー』は、『アンチ・オイディプス』を超える戦略を新たに提示しているのだろうか。

ミクロファシズム

あらかじめ確認しておきたいのは、『千のプラトー』でも、「欲望のパラドックス」に言及していることである。たとえば、「欲望はなぜ抑圧されることを欲望するのか、いかにして抑圧を欲望することができるのか?」という問いを、あらためて立てている。この問いに、『千のプラトー』はどう答えるのだろうか。『アンチ・オイディプス』では何度も問い直されたのに対して、『千のプラトー』はあっさり次のように答えている。

この包括的な問いに答えうるものはミクロのファシズムをおいてほかにない。〔……〕欲望とは、必然的にさまざまな分子レベルを経由する複雑なアジャンスマンから絶対に切り離すことのできないものであり、〔……〕欲望は決して未分化な欲動エネルギーではなく、精密なモンタージュから、高度の相互作用をともなうエンジニアリングから生まれる。分子状のエネルギーを処理し、場合によっては欲望がすでにファシズムの欲望となるよう決定づける柔軟な切片性。ミクロのファシズムを分泌するのは左翼の組織で終わりというわけではないのである。

（『千のプラトー』「9　ミクロ政治学と切片性」）

ここでドゥルーズ＝ガタリが提示する観点は、『アンチ・オイディプス』のように、欲望と抑圧を別々に切り離したうえで、それをどう関連づけるか、ということではない。そうすれば、間違いなく、「欲望のパラドックス」から逃れることができないだろう。ところが、『千のプラトー』ではむしろ、欲望そのものがすでに自分自身の抑圧をめざす、とされるにいたったのだ。

欲望は、自分自身の消滅を願ったり、破壊的な力をもつものを欲したりするところまで行く。貨幣の欲望、軍隊の欲望、警察や国家の欲望、ファシストの欲望。ファシズムさえも欲望なのだ。

（同前、「6　いかにして器官なき身体を獲得するか」）

そうだとすれば、リゾーム（地下茎）と樹木（ツリー）の対比は、永続的なものではないだろう。「リゾーム」はいつでも「樹木」へ転化し、また「樹木」にしても「リゾーム」化するのだ。たとえば、解放の闘士であった人が、いつの間にか権威的なファシストになっていた、ということはよくあることだ。

リゾームのうちにも樹木や根の構造が存在する。けれどもまた反対に樹木の枝や根の一片がリゾームとして発芽しはじめることもありうるのだ。（同前、「序 リゾーム」）

このように考えると、『アンチ・オイディプス』のように、「欲望のパラドックス」に悩まされることはなくなるかもしれない。「欲望がどうして抑圧を欲望するか？」と問われたら、「リゾームは樹木にたえず転化するから」と答えることができる。しかし、これは「欲望のパラドックス」の解決なのだろうか。むしろ、問題そのものを消し去っただけではないだろうか。

というのは、あらためて問いを提出することができるからだ。すなわち、「リゾームが樹木に転化するのは、いったいどんなときか？」また、「樹木をリゾーム化するには、そもそもどうすればいいのか？」。こうした問いに対して、『千のプラトー』はどう答えるのだろうか。それを見るために、『千のプラトー』の「14 平滑と条里」を取り上げることにしたい。この章は、結論の直前に位置し、内容的な展開としては最後になっているので、『千のプラトー』の最終的な主張を示していると考えてよい。

「平滑と条里」は何を主張するか

いうまでもなく、『千のプラトー』でも『アンチ・オイディプス』と同じように、一連の重要な区別、たとえば「脱領土化」と「領土化」、「ノマド（遊牧民）」と「定住民」、「分子的」と「モル的」などの対立は提出されている。ところが、それらの対立は、相互に転化したり混合したりするのだ。この点は、「平滑と条里」の章でも変わらない。ここでは、人間が活動する二つの空間のあり方――滑らかな「平滑空間」と、明確に区分された「条里空間」――が区別され、しかもそれらが相互に移行し合うことが論じられる。この章の冒頭で、次のように導入されている。

平滑（滑らかな）空間と条里（区分された）空間、――遊牧民空間と定住民空間、――戦争機械が展開する空間と国家装置によって設定される空間、――これら二つの空間の性質は異なっている。〔……〕しかもこの二空間は、事実上、互いの混合においてしか存在しないと言わざるをえない。平滑空間はたえず条里空間の中に翻訳され、そこを横断する一方、条里空間は平滑空間にいつも反転し、送り返される。（同前、「14　平滑と条里」）

ここで示されているのは、次のような対立である。一方に解放的で自由な「平滑（滑らかな）空間」、「遊牧民空間」、「戦争機械」があり、他方に閉鎖的で抑圧的な「条里（区分され

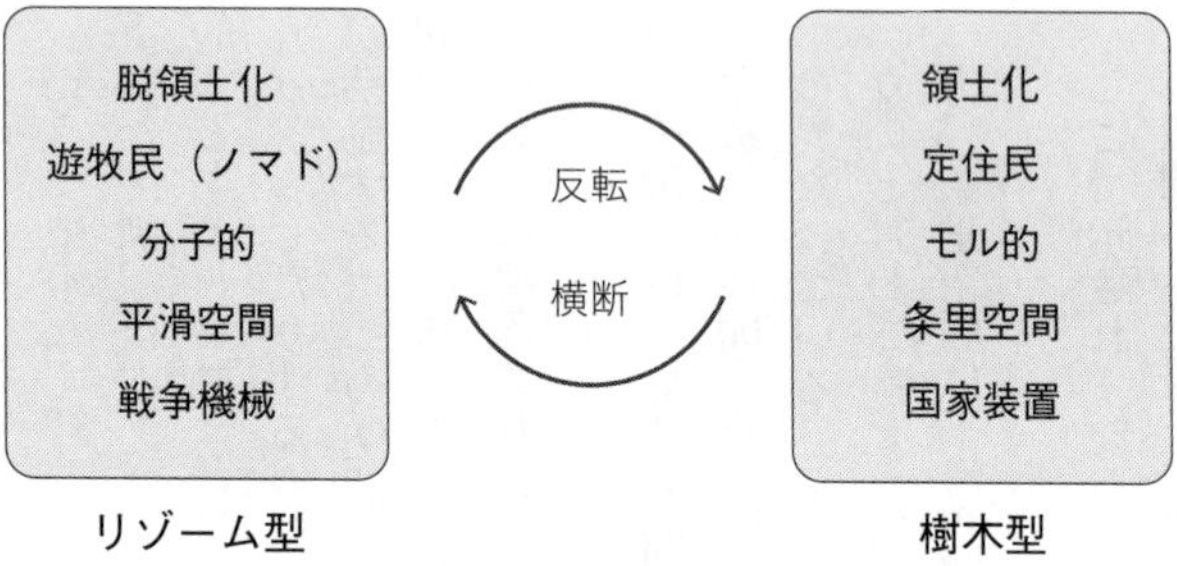

『千のプラトー』の展開

た」空間」、「定住民空間」、「国家装置」がある。前者が「リゾーム」のタイプであり、後者が「樹木」のタイプであるのは明らかだろう。

しかし、問題となるのは、ドゥルーズ＝ガタリが『アンチ・オイディプス』で主張したように、前者のみを追求するわけではないことである。むしろ、『千のプラトー』は両者の「混合」に注目する。そのため、この章の最後において、ドゥルーズ＝ガタリは次のように強調している。

> われわれの関心は、まさに条里化と平滑化のさまざまな作用における移行と結合にある。空間は、そこに行使される力に拘束されて、たえまなく条里化されるが、それはどのようにしてか。また同時に、空間が他の力を発展させ、条里化を通じて新しい平滑空間を出現させるのはどのようにしてか。最も条里化された都市さえも平滑空間を出現させるのだ。（同前）

ここで分かるように、ドゥルーズ＝ガタリは、『千のプラトー』では、自由な「平滑空間」と抑圧的な「条里空間」が、相互に移行したり結合したりすると考えている。これは、「ミクロファシズム」の考えと同じであり、きわめて現実的な対応と言える。革命的な勢力（「戦争機械」）が、いつしかファシスト（「国家装置」）に移行することは不思議ではない。しかし、そのときは逆に、国家装置の「条里化された空間」に捉えられた人が、どうすれば革命的な「平滑空間」に向かうか、示す必要があるだろう。

ところが、ドゥルーズ＝ガタリはただ問いを発するだけで、それに対する答えをどこでも与えていないように思われる。とすれば、解放を求める革命的な理論としては、あまり魅力的には見えないのではないだろうか。それに対して、もしかしたら、国家装置を強化する陣営にとっては、有効な理論になってしまうかもしれない。ちょっと皮肉まじりに、スラヴォイ・ジジェクが『ロベスピエール／毛沢東』（二〇〇七年）において、面白い観点を提供している。

イスラエル国防軍の軍事学校は、パレスチナ人民に対するイスラエル国防軍の市街戦を概念化するために、ドゥルーズとガタリ、とくに『千のプラトー』を系統的に参照し、それを「作戦理論」として用いている。〔……〕彼らが依拠している重要な区別の一つに「平滑」空間と「条里」空間があり、それは「戦争機械」と「国家装置」という秩序概念を反映している。いまやイスラエル国防軍は、境界がないかに見える空間における作戦に言及する必要がある場合、しばしば「空間を平滑化する」という表現を用いるようにさえなっている。またパレスチナ人民の居住区は、そうした地区がフェンスや壁、溝や道路を塞ぐブロックなどで包囲されているという意味で、「条里化された」ものと考えられている。

（「I　毛沢東」）

しかしながら、『千のプラトー』はもともと、「リゾーム」的な解放の理論を提示するはずだったのではないだろうか。それにもかかわらず、「樹木（ツリー）」的な抑圧のために用いられるのは、なんという逆説なのだろうか。この書が八〇年に発表されたとき、それほど反響を呼ばなかったのは、このあたりにも原因があるのかもしれない。

Ⅲ　管理社会論の衝撃

『千のプラトー』と社会的変化

『千のプラトー』が発表された一九八〇年、フランスの思想界は大きな転換点を迎えていた。構造主義の衰退が、いまやハッキリした形で自覚できるようになったのだ。この年に、バルトが急死し、アルチュセールも精神錯乱の上で妻を殺害した。同じ年、ラカンによって指導されたパリ・フロイト派が分裂し、その翌年にラカン自身も死を迎えた。さらには、フーコーが八四年に『性の歴史』の第二・三巻を出版したのちにエイズによって死亡したのである。こうして八〇年代前半には、レヴィ＝ストロースを除く主要な構造主義者たちが、舞台から退場してしまった。

こうした変化は、じつを言えば、構造主義だけにかかわるものではなく、それを取り巻く思想界全体の変化にもとづいている。かつて構造主義が盛んだったころ、人類学や精神分析学、言語学やマルクス主義が有力な研究分野とされていた。ところが、八〇年を迎えるころは、すっかり状況が変わっている。ドッスによると、「一九八〇年に、構造主義の栄光の時期先導者の役割をもっていた学問分野、人類学、言語学、精神分析が、いずれも危機、退潮、炸裂《さくれつ》、理論上の動揺の状況にある」（『構造主義の歴史』第四部）。

こうした状況は、「社会に対する異議申し立て運動」に対する批判を生み出すことになった。かつて、熱心に語られた「六八年五月」でさえも、いまや批判にさらされ、むしろ資本主義が評価されるようになったのである。こうなると、衰退するのは構造主義だけではなくなった。一般に、「左翼思想」全般に逆風が吹きはじめたわけである（それについては、第6章を参照していただきたい）。

その動きをいち早く察知し、端的に表現したのが、ジャン＝フランソワ・リオタールの

『ポストモダンの条件』（一九七九年）だと言えるだろう。リオタールはこの書で、西欧資本主義の最近の状況を「ポストモダン状況」と呼んで、それが旧来の社会からいかに離脱したのかを描いている。その当時、西欧先進諸国では、消費社会の進展や情報通信技術の発達によって、「近代（モダン）」とは異なる状況が出現している（と感じられた）。もはや、マルクス主義的な革命の理想は有効ではなくなったのだ。

こうした社会的な変化は、構造主義が衰退した後のフランス現代思想にも、大きな影響を与えることになる。ドゥルーズ＝ガタリの『千のプラトー』が、以前の『アンチ・オイディプス』ほど反響を呼ばなかったのも、そのあたりに基因しているだろう。それでは、社会的な変化によって新たに登場しつつある状況を、どのように捉えたらいいのだろうか。ドゥルーズが『千のプラトー』の後に取り組んだのが、まさにその問題なのである。では、ドゥルーズは、いったいどのような問題に取り組んだのだろうか。

『記号と事件』（一九九〇年）のなかで、ドゥルーズは「管理社会論」を印象的な形で語っているが、この「管理社会論」において、近年の社会的変化が鋭く描き出されている。そこで、ドゥルーズの「管理社会論」を取り上げることによって、『千のプラトー』以後の新たな思想的展開を確認することにしよう。

『千のプラトー』から管理社会論へ

ドゥルーズ＝ガタリが『千のプラトー』の後に共同で執筆したのは、『哲学とは何か』（一九九一年）である。その後、九二年にはガタリが亡くなり、また九五年にはドゥルーズも自ら命を絶ってしまった。そのため、『アンチ・オイディプス』から『千のプラトー』に続くものとして、最後に『哲学とは何か』を取り上げることも可能であろう。しかし、問題の連続性や、他の思想への波及から考えると、ここでは『記号と事件』における「管理社会論」（「管理と生成変化」「追伸――管理社会について」）を取り上げることにしたい。しかし、どうして管理社会論なのだろうか。

ドゥルーズ＝ガタリは『千のプラトー』において、「リゾーム」というモデルにしたがって、「アジャンスマン」概念を展開したが、そこには大きな難問が控えていた。つまり、解放的なはずの「リゾーム」は、たえず「樹木」化され、「国家装置」へと統合されてしまうのである。彼らの概念を使えば、「脱領土化」は「領土化」され、「ノマド（遊牧民）」は「定住民」となり、「平滑空間」は「条里空間」になるのだ。とすれば、どのようにして、そこから脱出（逃走）することができるのだろうか。

この問いは、『記号と事件』のなかで、ドゥルーズと対話したアントニオ・ネグリの問いでもあった。ネグリは後に、ドゥルーズの管理社会論を援用しながら、マイケル・ハートとともに『〈帝国〉』（二〇〇一年）を著すが、『記号と事件』ではドゥルーズへの質問役に徹している。

私にとって『千のプラトー』がとても重要な哲学書であることに変わりはありませんが、この本には未解決の問題をまとめた目録のような一面もあって、特に政治哲学の分野でそれが顕著だと思います。過程と投企、特異性と主体、構成体と組織体、逃走線とその対極にある装置および戦略、ミクロとマクロなど、せめぎあう対概念が次々にあらわれるばかりか、これらがすべて恒常的に開かれ、絶えず切開しなおされるところに、途方もない理論への意志と、異端の語り口を思わせる荒々しさが感じられます。そんな転覆の企てが悪いとは思いません。〔……〕しかし、それでもなお、「戦争機械」がどこに向かうのかわからなくなったときなどは、ややもすれば悲痛な声が聞こえてくるように思えてならないのです。

（『記号と事件』「管理と生成変化」）

この質問に対して、ドゥルーズはストレートには答えてはいない。むしろ彼は、『千のプラトー』が示した重要な方向性として、三つを挙げている。一つは社会というものはその「矛盾よりも、逃走線を好んで検討する」こと、二つ目は「階級よりもマイノリティを検討の対象にするということ」、三つ目は「「戦争機械」のあり方をさぐるというもの」である。ここから、ドゥルーズはこう述べる。「以前はプロレタリアが自覚をもちさえすればよかった。しかしいまの私たちには、そんなプロレタリア像は無縁なものとなってしまいました」。

こうしたドゥルーズの回答を聞いて、ネグリは納得せず、もう一度ドゥルーズに次のように問い直すのである。

どうすればマイノリティへの生成変化は力能をもつのか。どうすれば抵抗は現実の反乱たりうるのか。あなたのお書きになったものを読ませていただくとき、こうした問いにどう答えるべきかということで、いつも疑いの気持ちが頭をもたげてきます。〔……〕そこでうかがってみたいのは、虐げられた人々の抵抗はその効力を発揮し、許しがたい所業は一掃されるようにするための方法があるのかどうか、ということです。（同前）

ネグリが提起した問いは、ある意味で、フーコーが「権力論」を提示したときに陥った難問と共通しているだろう。ドゥルーズ＝ガタリは、フーコーとは違って、解放的な「欲望」や「リゾーム」から出発しながら、結局フーコーと同じような袋小路にはまり込んだように見えるのだ。ネグリが問い質《ただ》したのは、まさにその点なのである。しかし、ドゥルーズがそれに直接答えることをしないので、ネグリは方向を変えて、畳みかけるように問い直している。

フーコー論で、〔……〕あなたは権力の行使が示す三つの形態に徹底した分析を加えることを提案しておられます。三つの形態とは、まず「君主型」、それから「規律型」、そして特に重要なのが「コミュニケーション」をあやつる「管理型」の権力であるわけですが、この最後の形態が、いま、ヘゲモニーを獲得しようとしています。〔……〕マルクス的ユートピアでは、コミュニズムが自由な個人による横断的な組織の形状を呈し、その条件を保証するものとして技術的な基盤が位置づけられていました。いまでもコミュニズムの可能性を考えることはできるのでしょうか。コミュニケーション社会が到来したいま、コミュニズムは以前ほどユートピア的ではなくなったといえるかもしれません。いかがでしょうか。（同前）

一九八六年に出版された『フーコー』において、ドゥルーズは、フーコーが権力論の袋小路からどう脱出しようとしたか、に解釈を与えている。しかし、この解釈は、じつを言えば、『千のプラトー』の難問への解決策でもあったのである。こうした問題への関心から、ドゥルーズはフーコーの権力論に対するまったく新たな理解に達した、と考えてよい。それがまさに、ドゥルーズの管理社会論だったわけである。

ポスト規律社会としての管理社会

ドゥルーズの管理社会論が公開されたころ、多くの人はその内容に衝撃を受けたと思われる。というのも、ドゥルーズが「管理社会」を説明するために、フーコーの「規律社会」と対比するとき、その対比は一般のフーコー理解とかけ離れていたからだ。たとえば、ドゥルーズは次のように語っている。

私たちが「管理社会」の時代にさしかかったことはたしかで、いまの社会は厳密な意味で規律型とは呼べないものになりました。フーコーはふつう、規律社会と、その中心的な技術である監禁（病院や監獄だけでなく、学校、工場、兵舎も含まれる）にいどんだ思想家だと思われています。しかし、じつをいうとフーコーは、規律社会とは私たちにとって過去のものとなりつつある社会であり、もはや私たちの姿を映していないということを明らかにした先駆者のひとりなのです。（同前）

一九九〇年ごろにこの文章を読んだ人は、驚いたのではないだろうか。まさにドゥルーズが語っているように、多くの人がフーコーを「規律社会」の思想家と考えていたし、私たちの現代社会も「規律社会」だと見なしていたように思われる。フーコーが一九世紀以降の「近代社会」について述べるとき、「現代」もその延長線上にある、と理解されていた。ところが、ドゥルーズはそうした常識的なフーコー理解を一蹴して、フーコー自身がむしろ「規律社会」の終わりを示した、と解釈したわけである。

こうして、ドゥルーズによると、現代社会は「規律社会」とは無縁になった社会であり、「ポスト規律社会」と呼ばれることになる。では、「規律社会」に代わって、現代では何が登場したのだろうか。

> 私たちが管理社会の時代にさしかかると、社会はもはや監禁によって機能するのではなく、恒常的な管理と、瞬時に成り立つコミュニケーションが幅をきかすようになる。管理社会について、分析の口火を切ったのはバロウズでした。もちろん、いまでも監獄や学校や病院が世論をにぎわすことはあります。これらの制度は危機に瀕《ひん》していますからね。しかし、制度が危機に瀕していることは、制度の延命をはかる動きがあるということにほかならないのです。まだ手探りの状態ではありますが、それでも一応の形をととのえつつあるのは、新しいタイプの懲罰であり、教育であり、また治療であるわけですからね。
>
> （同前）

> こうして規律社会にとってかわろうとしているのが管理社会にほかならないのである。
>
> （同前、「追伸——管理社会について」）

ここでドゥルーズが「管理社会」を語るとき、念頭にあるのは資本主義の変化である。つまり、規律社会から管理社会への移行は、「生産をめざす資本主義」から「販売や市場をめざす資本主義」への変化、つまり消費社会や情報社会への変化に対応している。ドゥルーズによれば、「市場の獲得は管理の確保によって行なわれ、規律の形成はもはや有効ではなくなった」のである。こうして、管理社会では、実質的にはコンピュータによる管理が、重要な仕事になる。次のような話は、ドゥルーズが管理社会論を構想したころは空想的だったかもしれないが、現在ではすでに現実的なものとなっている。

SFの助けを借りなくても、保護区内の動物や（エレクトロニクスの首輪をつけた）企業内の人間など、開かれた環境における成員の位置を各瞬間ごとに知らせる管理機構を思い描くことができる。フェリックス・ガタリが予測していたのは、決められた障壁を解除するエレクトロニクスのカード（可分性）によって、各人が自分のマンションを離れ、自分の住んでいる通りや街区を離れることができるような町である。しかし決まった日や決まった時間帯には、同じカードが拒絶されることもあるのだ。ここで重要なのは障壁ではなく、適法の者だろうと不法の者だろうと、とにかく各個人の位置を割りだし、全世界規模の変調をおこなうコンピュータなのである。（同前）

今日の時点でドゥルーズの管理社会論を読むと、その先進的な意義は明らかだと言える。

当時はまだコンピュータ・ネットワークがそれほど発展していない段階で、ドゥルーズは規律社会から管理社会への移行を見据えて、それを理解すべきだと強調したのである。そこで問題となるのは、ドゥルーズが「管理社会」にどうかかわろうとしているのか、である。

管理社会の彼方

二一世紀を迎えるころは、管理社会がほぼ現実のものとして、具体的に議論されるようになったとはいえ、ドゥルーズが論じたときはまだ、規律社会と管理社会の区別さえあまり認識されていなかった。そこで、ドゥルーズは、管理社会の新しさを示すために、規律社会と対比して、その特徴を明らかにしている。その一つが、「個人」の取り扱い方の違いである。最近のコンピュータ社会を念頭に置くと、すんなりと分かるはずだ。

> 規律社会にはふたつの極がある。ひとつは個人を表示する署名であり、もうひとつは群れにおける個人の位置を表示する数や登録番号である。つまり規律にとっては、個人と群れのあいだに両立不可能性などありはしなかったし、権力は、群れの形成と個人の形成を同時におこなっていたのだった。〔……〕逆に、管理社会で重要になるのは、もはや署名でも数でもなく、数字である。〔……〕管理社会の数字は合い言葉として機能する。〔……〕その数字があらわしているのは情報へのアクセスか、アクセスの拒絶である。いま目の前

にあるのは、もはや群れと個人の対ではない。分割不可能だった個人（individus）は分割によってその性質を変化させる「可分性」（dividuels）となり、群れのほうもサンプルかデータ、あるいはマーケットか「データバンク」に化けてしまう。（同前）

管理社会では、個々人は情報収集のためのデータとして、さまざまな断片に分割されていく。たとえば、乗客のデータとして、小売店のデータとして、飲食店のデータとして、金融機関のデータとして、さらに挙げていけばキリがないだろう。こうして、「マーケティングが社会管理の道具となる」のだ。したがって、管理社会では、「いつでもどこでも」つまりユビキタスに管理され、しかも管理は終わることなく続いていく。

規律社会では（学校から兵舎へ、兵舎から工場へと移るごとに）いつもゼロからやりなおさなければならなかったのにたいし、管理社会では何ひとつ終えることができない。〔……〕規律社会における見せかけの放免（これは二度にわたる投獄のあいだにあらわれる状態だ）と、管理社会における果てしない引き延ばし（こちらは恒常的変異の状態に置かれている）は、まったく違うふたつの司法生活の様態である。（同前）

自分自身の生活を少しでもふり返ってみれば、ドゥルーズの表現がいささかも誇張ではないことが分かるだろう。現代の管理社会では、個々人はいつどこにいても、どこに行こうと、何をしようと、その情報はたちどころにキャッチされ、記録保存されていく。しかもその情報は、相互に流通しあい、蓄積されていくわけである。このシステムから、現代人は逃れることができないのである。とすれば、いったいどうすればいいのだろうか。

ハッキリしていることは、従来型の抵抗運動がほとんど有効ではないことだ。ドゥルーズによれば、「以前はプロレタリアが自覚をもちさえすればよかった。しかしいまの私たちには、そんなプロレタリア像は無縁なものとなってしまいました」。というのは、労働組合を結成して、プロレタリア革命をめざすことは、「規律にあらがう闘争」だったからである。こうした規律社会の闘争は、現在のモデルとはなりえないだろう。では、そのかわりに、ドゥルーズはいったい何を提示するのだろうか。

労働組合に、管理社会に対抗する新たな抵抗の形態に順応したり、新たな抵抗を成り立たせたりする余力があるだろうか。マーケティングの楽しみに立ち向かう能力をそなえた、来るべき抵抗形態の始まりを、現時点でもすでにとらえることができるだろうか。不思議なことに大勢の若者が「動機づけてもらう」ことを強くもとめている。もっと研修や生涯教育を受けたいという。自分たちが何に奉仕させられているのか、それを発見するつとめを負っているのは、若者たち自身だ。彼らの先輩が苦労して規律の目的性をあばいたのと

同じように。とぐろを巻くヘビの輪〔管理社会〕はモグラの巣穴〔規律社会〕よりもはるかに複雑にできているのである。（同前）

こう語って、ドゥルーズは彼の管理社会論を閉じている。つまり、ドゥルーズは、管理社会にどう抵抗するかについて、何も語ることがなかったのである。したがって、それに対する答えは、残された世代の宿題となった、と言わなくてはならない。

第5章　脱構築とポスト構造主義の戦略――デリダ

「根源的な現前性」の批判と「脱構築」の展開

一九六六年の一〇月、フランスで構造主義がまさにピークを迎えようとしていたころ、アメリカのジョンズ・ホプキンス大学でシンポジウムが開催された。このシンポジウムのテーマは「批評の言語と人間の科学」と題されていた。これに、バルトやラカンやイポリットが参加し、またドゥルーズやヤコブソンも参加予定（実際には参加できなかった）になっていた。その参加者のなかに、若きデリダも含まれていたのである。

一九三〇年生まれのジャック・デリダ（Jacques Derrida）は、当時アメリカではまだ無名に近かったが、「構造主義の巨匠」レヴィ＝ストロースを厳しく批判して、会場に大きな衝撃を与えた。デリダの発表に人気が集まって、大御所のラカンは怒ってしまった、という逸話まであるほどだ。話の真偽はともかくとして、その後デリダはアメリカの研究者たちと交流を深めただけでなく、代表的な「ポスト構造主義者」として認知されることになった。

「ポスト構造主義」という言葉は、一九七〇年代の初めころからアメリカで使われるようになったが、デリダの発表はそれを先取りしたと言えるだろう。

このシンポジウムの一年後、デリダは三つの重要な著作を出版している。『声と現象』、『エクリチュールと差異』、『グラマトロジーについて』である。それまでデリダは、フッサール現象学を批判的に検証してきたが、いまや流行中の構造主義に対して、いち早く批判を開始したのである。しかしながら、フッサールの現象学と構造主義は、必ずしも連続的に理解できるわけではない。その二つは、デリダのなかでいったいどうつながっているのだろうか。

デリダ

一般的には、現象学と構造主義は、「現象学から構造主義へ」という形で理解され、対置されることが多い。ところが、デリダは、現象学と構造主義を共通した視点から批判するのである。その視点を、ここでは「根源的現前性」と呼ぶことにしたい。

たとえば、現象学では、「現象学的還元」を施し、根源的な「生き生きとした現在（現前）」へ遡《さかのぼ》ることを提唱する。また、「構造主義」の場合も、事情は変わらない。たとえば、フーコーやレヴィ＝ストロースは、理性的な西洋近代人よりも、「狂人」や「未開人」を根源的で素晴らしいものであるかのように取り扱っている。しかし、そのように想定された根源的なものに、はたして到達（現前）可能なのだろうか。根源的だと見なされたものは、むしろ派生したものではないだろうか。

こうした視点から、デリダは独自の方法と論述のスタイルを形成していく。この章では、デリダの思想展開を跡づけるために、基本的に三つの時期に区分して考えていきたい。まず第一期は、六〇年代後半から七〇年代前半までの時期であり、「脱構築」という戦略によって独自の思想を確立した時期である。著作としては六七年の三著作と、七二年に出版された『哲学の余白』『散種』『ポジシオン』を含んでいる。

次の第二期は、七〇年代中ごろから八〇年代の思想であり、「郵便的」なコミュニケーションをモデルにして、従来の哲学スタイルを解体しようとした時期である。著作としては、『弔鐘』（一九七四年）や『絵葉書』（一九八〇年）が代表的なものである。デリダは、これらの著作で今までとはまったく違ったスタイルの本を、さまざまに実験している。しかし、ともすると、この時期の著作は何を意図しているのか、明確に読み取ることができない。

最後の第三期は、九〇年代以降の時期であり、デリダが積極的に政治的な発言をしたり、政治哲学の構想を語ったりした時期であり、デリダの晩年までの闘いを記録している。この時期、デリダはさまざまな文章を残しているが、ここでは代表的なものとして『マルクスの亡霊たち』（一九九三年）、『法の力』『友愛のポリティクス』（一九九四年）、『歓待について』

（一九九七年）などを挙げておきたい。

この思想展開の区分は概略的なものであって、厳密に考えるといろいろ問題があるかもしれない。しかし、デリダ思想の全体的な展開を理解するには、一つの手がかりになると思う。そこで、この区分に従って、それぞれの時期についてもう少し細かく見ておくことにしよう。

I　脱構築はどう始まったか

「脱構築」の意味

デリダの思想を理解するには、何よりも「脱構築」の戦略から始めなくてはならない。やや流行化された傾向があるとはいえ、「脱構築」が最も重要な概念であることは間違いない。そもそも、この言葉はどのような意味をもっているのだろうか。

デリダによると、「脱構築（デコンストリュクシオン）」という言葉は、もともとはハイデガーの「解体（デストルクチオーン）」に由来している。ハイデガーは「解体」を「破壊」から区別したが、デリダはそのアイデアを受けて、フランス語に翻訳したわけである。したがって、デリダの「脱構築」を理解するためには、あらかじめハイデガーの「解体」の意味を確認しておかなくてはならない。ハイデガーは『存在と時間』（一九二七年）において、「解体」を次のように規定している。

存在問題そのもののためにそれ自身の歴史に透明な見通しをつけることがわれわれの課題なのであるから、固定化した伝統を解きほぐして、その伝統が生みだしてきた隠蔽《いんぺい》状態を解消することが必要となる。この課題をわれわれは、存在問題を手びきとして、古代的存在論の伝承的形態を解体し、かつて存在の最初の——そしてそれ以来主導的となった——諸規定がそこで得られた根源的諸経験へひきもどす解体作業(Destruktion)という意味でうけとる。

(『存在と時間』「序論」第二章)

ここでハイデガーが「解体」と呼んでいるのは、伝統を完全に無に帰してしまう「破壊」、つまり否定的な「振り捨てる」とか「無へと葬り去る」ということではない。むしろ「解体」は、現在支配的になっている伝統の由来を解き明かすことであり、ニーチェ的に言えば、伝統の「系譜」を明らかにすることである。伝統は根源的な「源泉」を隠蔽し、そこへ近づく通路を塞いでいるので、伝統の系譜をたどるためには、伝統を解体しなくてはならないのだ。

こうした単なる否定(破壊)ではなく、系譜をたどる「解体」を表現するために、デリダは「脱構築」という言葉を使うようになった。したがって、「脱構築」は、ハイデガーの

「解体」の意味を受け継ぐはずである。そこで、「解体」の意味をいかしながら、「脱構築」を暫定的に定式化すると、次のようになるだろう。——「脱構築」とは、今日支配的になっている伝統を解きゆるめ、その伝統によって隠蔽されたものを解き明かすことである。

この定義に、少しばかり補足を加えることにしよう。デリダにとって、今日支配的な伝統というのは、階層秩序的な二項対立である。たとえば、真理と虚偽、精神と身体、内面と外面、現前と不在、善と悪、自然と人工など、さまざまである。もちろん、これに正常と異常、文明人と野蛮人、オリジナルとコピーなどを加えてもいいだろう。いずれにしろ、前者が支配するものであり、後者が従属的な位置に置かれている。デリダは、こうした階層秩序に対して、「脱構築」を行なうわけである。

〔脱構築は〕ある暴力的な位階序列づけにかかわっているのだ、と。当該の二項のうち一方が他方を（価値論的に、論理的に、等々）支配し、高位を占めているのです。そういう対立を脱構築するとは、まずある一定の時点で、そうした位階序列を転倒させることとです。

（『ポジシオン』）

もちろん、「脱構築」は階層秩序を単純に転倒させるわけではないが、少なくとも従来の二項対立が解体され、劣位にあるものが擁護されるのは間違いない。たとえば、西洋と非西洋、男性と女性といった対立を考えてみれば、デリダが「西洋中心主義（ロゴス中心主義）」や「男性中心主義（男根中心主義）」を批判したのは周知のことであろう。しかし、「脱構築」は階層秩序の単純な転倒でないとすれば、どう理解したらいいのだろうか。

パロールとエクリチュール

脱構築の意味を具体的に理解するには、パロールとエクリチュールの対概念に注目するといい。日常的には、「パロール」が「話すこと」にかかわるのに対して、「エクリチュール」は「書くこと」に関連している。これを「言語」として捉えると、「パロール」が「音声言語」に対応し、「エクリチュール」は「文字言語」と言うことができる。デリダによると、プラトン以来西洋では、階層秩序的な支配構造が伝統となってきた。これは表音文字であるアルファベット文字の伝統では、根源的なものとして「パロール」が優位にあり、「エクリチュール」は派生的なものとしてそれに従属することである。それをデリダは、次のように表現している。

言語は話されるために作られており、文字言語《エクリチュール》は音声言語《パロール》の代補〔代理＝補足〕の役を果たすだけである。……音声言語《パロール》は約束的（慣習的）な記号によって思惟を表現（代理）し、文字言語《エクリチュール》は同じようにして音声言語《パロール》を表現（代理）する。それゆえ、書く技術は思惟の間接的表現（代理）でしかない。

（『グラマトロジーについて』第二部第二章）

デリダによると、この「音声中心主義」はプラトン以来西洋思想を支配し、今日の構造主義にまで引き継がれている。たとえば、構造主義の共通の源泉と見なされているソシュールの言語学について、デリダは次のようにきっぱりと断定している。「音声言語《パロール》と文字言語《エクリチュール》の諸関係をたんに理論的にのみならず実践的にも規定している西洋的伝統に従って、ソシュールは文字言語《エクリチュール》に狭い派生的な機能しか認めない」（同前）。しかも、この西洋的伝統は、西洋文明を批判したはずのレヴィ＝ストロースにまで続いているのだ。

音声＝ロゴス主義（音韻論主義）（phonologisme）は、形而上学の内部でも言語学の内部でも、たしかに文字言語《エクリチュール》の排除であり、貶価《へんか》である。しかしそれはまた、人々がすべてのいわゆる人間諸科学のモデルだと看做《みな》そうとする一つの科学に与えられた権威でもある。以上の二つの意味において、レヴィ＝ストロースの構造主義は一つの音声＝ロゴス主義（音韻論主義）である。

（同前、第二部第一章）

ここで「音声中心主義」が、「ロゴス」と結びつけられていることに注意したい。もともと「ロゴス」は、ギリシア語で「話された言葉」を意味し、さらには人間の「思考」や世界の「摂理」をも包括している。西洋では、この「ロゴスに真理一般の根源を割り当ててきた」わけである。そのため、デリダは次のように語っている。「ロゴス中心主義とは、表音的文字言語《エクリチュール》（たとえばアルファベット）の形而上学である」（同前、第一部「銘」）。

こうした「音声＝ロゴス主義」の規定が、デリダの強烈な西洋中心主義批判に貫かれていることは、忘れてはならないだろう。というのも、文字言語《エクリチュール》に対する音声言語《パロール》の優位は、表音文字であるアルファベットの覇権主義でもあったからである。そのため、デリダは「ロゴス中心主義」と「西洋中心主義」を結びつけて、次のように述べている。ロゴス中心主義は「根本的には、〔……〕このうえなく独自的かつ強力な民族中心主義であって、今日では地上全体に自己を押しつけつつあるのだ」（同前）。

「原＝エクリチュール」と「グラマトロジー」

それでは、西洋全体を支配し続けている階層秩序、つまり「音声中心主義」＝「ロゴス中心主義」＝「民族中心主義」を脱構築するには、どうすればいいのだろうか。単純な方法は、「パロール」と「エクリチュール」の地位を逆転することかもしれない。つまり、「エクリチュール」が根源的であって、「パロール」はそこから派生した、と考えることだ。

しかし、これだと「エクリチュール」を「パロール」に対置しただけであって、どうして「エクリチュール」が「パロール」よりも根源的なのか、分からないだろう。また、アルファベットが表音文字であることは、まぎれもない事実であって、「音声から文字へ」という動きは否定できない。したがって、単純な逆転では問題が解決しないことは明らかである。デリダも次のように書いている。「ここで問題なのは、狭義の文字言語《エクリチュール》を復権させることでもなく、依存関係が明白なときにそれを覆すことでもない」（同前、第一部第二章）。

そこで、デリダがとった戦略は、従来の「パロール」と「エクリチュール」の根源に、「原＝エクリチュール」を想定することである。「原＝エクリチュール」という概念の意義を確認するために、次の文章を引用しておきたいと思う。

むしろわれわれは、文字言語《エクリチュール》のいわゆる派生は、いかに現実的であり実質的であろうと、ただ一つの条件（状況）の下においてしか可能でなかったということを示唆したいと思う。その条件とはつまり、「根源的」、「自然的」、等々の話声言語《ランガージュ》がこれまでけっして存在したことがなかったということ、またそれが書差《エクリチュール》によって手をつけられずに無疵《むきず》のままであるなどということがけっしてなかったということ、そしてそういった言語《ランガージュ》それ自身がつねに一つの書差《エクリチュール》であったということ、である。われわれはここで、原《アルシ》＝エクリチュールの必然性を指摘し、この新たな概念の輪郭を描いてみたい。（同前、第一部第二章）

やや図式的な表現をするならば、パロールやエクリチュールに先立って、それらのいわば

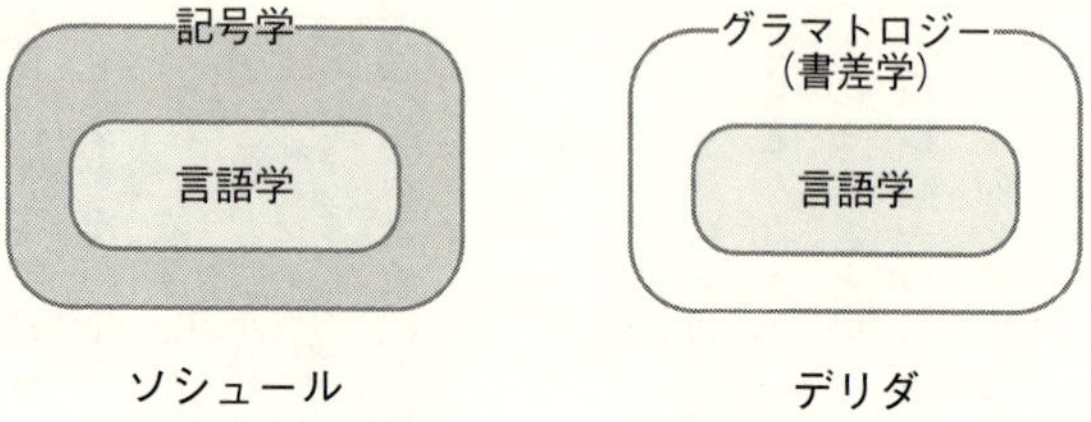

「共通の根」として、「原＝エクリチュール」が働いている。つまり、「原＝エクリチュール」から始まって、通常のパロール（音声言語）やエクリチュール（文字言語）が可能になるわけである。したがって、「原＝エクリチュール」についての研究は、これまでの言語学を包括することになるだろう。デリダは、かつてソシュールが語った「記号学」の構想を、原＝エクリチュールについての学（「グラマトロジー〔grammatologie＝書差学〕」）と置き換えるように提唱している。

> われわれはそれを書差学《グラマトロジー》と名付けよう。……それはまだ存在していないがゆえに、それがどういうものとなるかを語ることはできない。だが、それは存在する権利を有しており、その位置は予め定められている。言語学はこの一般的な学の一部門でしかなく、書差学《グラマトロジー》が発見するであろう諸法則は、言語学にも適用することができよう。
> （同前、第一部第二章）

ソシュールの記号学と言語学の関係については、かつてバルトが逆転させたことがあった。バルトにとっては、記号学は言語学の一部であって、言語学こそが包括的な学問と見なされたのだ（七三頁参照）。ところがデリダは、言語学のその根源に、原＝エクリチュールが働き、その研究としてグラマトロジー（書差学）がある、と考えたわけである。

しかし、そもそも「原＝エクリチュール」とは、いったいどのようなものだろうか。また、文字言語としてのエクリチュールと原＝エクリチュールはレベルが異なるのに、どうして同じように「エクリチュール」と呼ばれるのだろうか。それを考えるためには、「差延」というデリダの造語に着目しなくてはならない。

「差延」としての「原＝エクリチュール」

「差延」と訳される奇妙な言葉は、デリダがフランス語の動詞の différer から作り出したものだ。この動詞には、「異なる、相違する」と「延期する、遅延する」という二つの意味があるにもかかわらず、名詞化して「différence」となると、前者のほうだけの意味「差異」しかもたなくなる。そこで、デリダはもう一つの意味をも含ませるために、音声上は同じ「ディフェランス」である「différance」を造語したわけである。こうして、「ディフェランス（différance）」は、二つの意味（差異＝遅延）を表現できるように、「差延」と訳されるようになった。

さらに、「différance」は現在分詞形（différant）に直接由来しているので、「進行中の活動」を示唆している。この意味では、「ディフェランス」は「差異化」という運動を指すと考えられている。この「差異化」の運動によって、記号は他の記号へと差し向けられ、こうして諸差異である記号の連鎖が構成される、というわけである。デリダは、この「差延の運動」について、次のように説明している。

差延《ディフェランス》の運動は、それゆえ、それがもろもろの差異づけられたものどもを生じさせるかぎりにおいて、つまりそれが差異を生じさせるかぎりにおいてわれわれの言語《ランガージュ》に刻み目をつける、〈諸概念のあらゆる対立〉の〔……〕共通の根であります。（『ポジシオン』）

一般に言語や記号は、他のものとの差異によって成り立っているが、そうした差異を可能にするものこそ、運動としての「差延」である。この意味で、「差延」は「原＝エクリチュール」と考えてよい。しかし、「差延」は、「遅延」（「時間かせぎ」）ではないだろうか。この意味は、どう理解したらいいのだろうか。

デリダが「差延」という概念を導入したとき、念頭にあったのは、「現前性」という考えを批判することである。彼は誤解を避けるために、次のように注意している。「諸差異を産出する差延がそれら諸差異以前に、なんらかの単純な、それ自体において変様されない無‐差異的な現在《プレザン》＝現前者のうちに存在しているということではない」（「差延」『哲学の余白』所収)。つまり、「差延」を「原＝エクリチュール」と言ったとしても、「大文字の主体」のようなものが想定されているわけではない。デリダの発想を理解する上で重要な箇所なので、少し長くなるが続きを引用しておきたい。

言語（それは一種の分類であるとソシュールは言う）は天空から降ってきたのではないのだから、諸差異は産出されたのであり、産出された諸結果である。しかしそれが結果だからといって、どこかに現前的に存在しそれ自体は差延の戯れを免れているようななんらかの主体もしくは実体を、一般になんらかの事物を、なんらかの存在者を原因としてもつわけではない。したがって、もしも原因という概念一般にはそのような現前性＝現在性がこの上なく古典的な仕方で含まれているのだとしたら、ここでは原因なき結果という言い方をしなくてはならないだろう。しかしそうなるとたちまちもはや結果とも言えなくなる。こうした図式の囲いの外に出るという狙いを、これまで私は「痕跡」を通して指示しようと試みてきた。
（『哲学の余白』「差延」）

「原＝エクリチュール」は、「差延の運動」であって、それを通して諸差異が産出され、パロールやエクリチュールが可能となる。それぞれの要素（差異）は、つねに他の要素（差異）に差し向けられ、それ自体で「現前」することがない。この事態をデリダは、「痕跡」

と表現するのである。

こうして、「現前的なもの」は、たえず延期されざるをえないだろう。「諸要素のなかでも、体系のなかでも、どこにおいても決して何ひとつ端的に現前したり不在であったりすることはない。そこにあるのは、終始一貫、ただ諸差異のみであり、諸痕跡の諸痕跡のみである」（『ポジシオン』）。このような「差延」としての「原＝エクリチュール」という考えを、デリダは「アルケーなき原＝エクリチュール」と呼んでいる。

II 脱構築の転回と郵便モデル

奇妙な著作群

一九七〇年代に入って、デリダは奇妙な著作を次々に発表するようになる。その試みはさまざまに異なっているが、全体の印象を表現するならば、哲学的な書物・論文として備えている（はずの）体裁を、まったく解体するように見える。

今まで、哲学の論述と言えば、明確な編別構成のもとで、一貫した思想を展開するというのが常識だった。たとえ一部の内容に難解さがあったとしても、全体として何を言いたいのか、分かる仕組みになっていた。これは、脱構築を唱え始めたデリダにとっても、例外ではなかったはずである。たとえば、初期の代表作『グラマトロジーについて』にしても、明確な編別構成がされていて、書物の意図は読み取ることができた。

ところが、七〇年代の中ごろから、デリダはこうしたスタイルを放棄し始める。もっとも、このような動きは、デリダに限ったことではない。たとえば、ドゥルーズ＝ガタリの『アンチ・オイディプス』にもこの傾向はあったし、また後の『千のプラトー』ではさらに加速されている。『アンチ・オイディプス』をはじめて読む人は、おそらく哲学的著作のイメージを壊してしまうだろう。しかし、その『アンチ・オイディプス』でさえも、きちんと編別構成は行なわれていた。

それに対して、デリダの場合は、少しばかり事情が違っている。この時期を代表するのは、『弔鐘』（一九七四年）と『絵葉書』（一九八〇年）といえるが、この二つの著作はそれぞれ書物の常識を根底から覆してしまったのだ。

まず、『弔鐘』について言えば、それぞれのページは左右二つに分けられ、左の欄にはヘーゲルにかんする文章、右の欄にはジャン・ジュネにかんする文章が書き続けられている。しかも、それぞれの欄には、ときおり他の文章が一部書き込まれるのである。左右に配置された二つの文章は、一見したところ、それぞれ独立しており、はたして同時進行的に印刷する必要があるのか、まったく不明である。次頁に原著のレイアウトを載せておくので、その異様さはすぐに分かると思う。

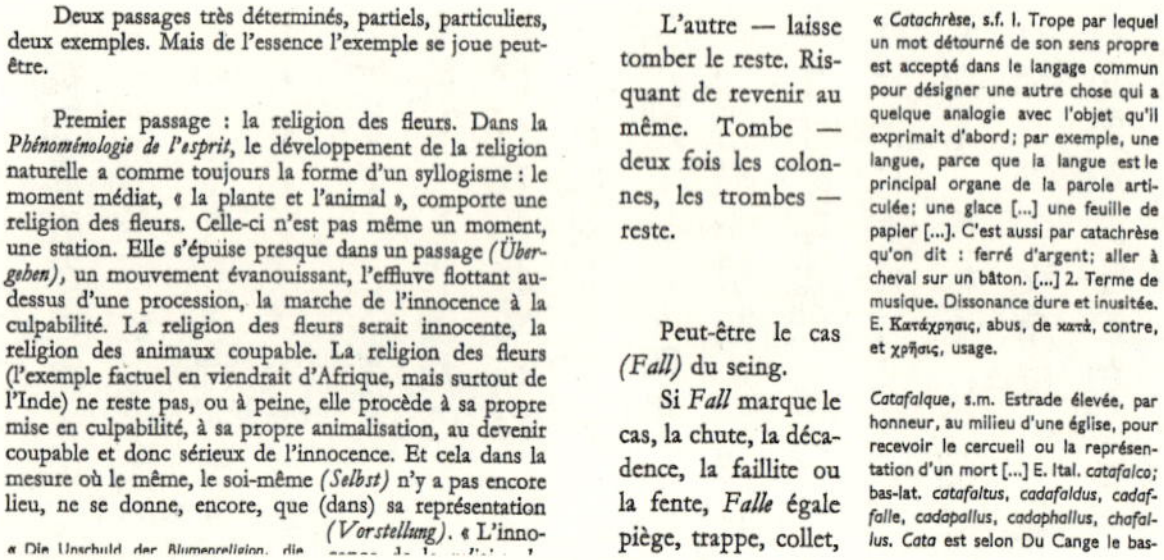
Deux passages très déterminés, partiels, particuliers, deux exemples. Mais de l'essence l'exemple se joue peut-être.

Premier passage : la religion des fleurs. Dans la *Phénoménologie de l'esprit*, le développement de la religion naturelle a comme toujours la forme d'un syllogisme : le moment médiat, « la plante et l'animal », comporte une religion des fleurs. Celle-ci n'est pas même un moment, une station. Elle s'épuise presque dans un passage *(Übergehen)*, un mouvement évanouissant, l'effluve flottant au-dessus d'une procession, la marche de l'innocence à la culpabilité. La religion des fleurs serait innocente, la religion des animaux coupable. La religion des fleurs (l'exemple factuel en viendrait d'Afrique, mais surtout de l'Inde) ne reste pas, ou à peine, elle procède à sa propre mise en culpabilité, à sa propre animalisation, au devenir coupable et donc sérieux de l'innocence. Et cela dans la mesure où le même, le soi-même *(Selbst)* n'y a pas encore lieu, ne se donne, encore, que (dans) sa représentation *(Vorstellung)*. « L'inno-

« Die Unschuld der Blumenreligion, die

L'autre — laisse tomber le reste. Risquant de revenir au même. Tombe — deux fois les colonnes, les trombes — reste.

Peut-être le cas *(Fall)* du seing.

Si *Fall* marque le cas, la chute, la décadence, la faillite ou la fente, *Falle* égale piège, trappe, collet,

« *Catachrèse*, s.f. I. Trope par lequel un mot détourné de son sens propre est accepté dans le langage commun pour désigner une autre chose qui a quelque analogie avec l'objet qu'il exprimait d'abord; par exemple, une langue, parce que la langue est le principal organe de la parole articulée; une glace [...] une feuille de papier [...]. C'est aussi par catachrèse qu'on dit : ferré d'argent; aller à cheval sur un bâton. [...] 2. Terme de musique. Dissonance dure et inusitée. E. Κατάχρησις, abus, de κατὰ, contre, et χρῆσις, usage.

Catafalque, s.m. Estrade élevée, par honneur, au milieu d'une église, pour recevoir le cercueil ou la représentation d'un mort [...] E. Ital. *catafalco;* bas-lat. *catafaltus*, *cadafaldus*, *cadaffalle*, *cadapallus*, *cadaphallus*, *chafallus*. *Cata* est selon Du Cange le bas-

『弔鐘』p8のレイアウト

また、『弔鐘』の全体に目を移すと、もともと章別編成されておらず、目次も付されていない。さらに小見出しもなく、悪く言えば、だらだらと文章が続き、内容を理解するのがきわめて困難なのである。

今度は、もう一つの『絵葉書』を手に取ると、別の困難に直面することになるだろう。この本の前半部分は「送る言葉（郵送物）」と題されているが、そこには日付の入った短い手紙が、連綿と書き続けられている。おそらくは恋人に宛てたであろう手紙が、デリダのじっさいの活動と合わせながら、フィクショナルに書かれている。

この手紙は、内容的に断片的であるだけでなく、そもそもデリダが何を言いたかったのか、ほとんど分からないのである。はたして、哲学的著作なのか、それとも小説の類なのか、それさえハッキリしない。デリダはむしろ、この区別そのものを解体したいように見える。いずれにしろ、こうした中期の著作から、デリダの思想を読み取ることはきわめて困難だと言ってよい。

そのため、この時期のデリダにかんする研究は、ほとんど現れなかったのである。初期の「脱構築」や「差延」の説明は多くても、中期の思想はなかなか理解できなかったわけである。いったいどうして、デリダは伝統的な哲学的著作のスタイルを、根底から解体する方向へ舵《かじ》を切ったのだろうか。こうした方向転換を、前期から中期への「転回」と呼ぶことにしたいが、デリダの中期思想を理解するには、何よりもこの「転回」の意味を考えなくてはならない。

中期の「転回」をどう理解するか

まずはじめに、前期においてデリダが「脱構築」をどう考えていたのか、ふり返ってみよう。すでに見たように、デリダが「脱構築」を提唱したとき、彼は「根源的な現前性」の考えを批判して、伝統的な「ロゴス中心主義」を解体することをめざしていた。そのため彼は、パロールに先立つものとして「原＝エクリチュール」を想定したり、「現前性」の代わりに「差延」という概念を考案したりした。

ところが、著作として眺めたとき、そのどれもきわめて論理的（つまり「ロゴス」的）に叙述されているように見えるだろう。著作が明確に組織化されているだけでなく、そこで展開される議論も明確に展開されているのだ。新奇な概念を導入するとはいえ、その内容については、追跡することが可能なのである。そのため、デリダ思想を理解する場合、通常このころの著作にもとづくことが多い。

しかし、あらためて考え直してみると、ロゴス中心主義を批判したころの論理的な著作は、デリダの思想を裏切ることになっているのではないだろうか。あえて言えば、そのころの著作は「ロゴス中心主義を批判するために、きわめてロゴス的に書く」と表現できるだろう。したがって、デリダが「ロゴス中心主義」を論理（ロゴス）的に批判すれば批判するほど、ますます彼の思惑から外れていくように思われる。そのことを、デリダが自覚しなかったはずはない。では、どうすればいいのだろうか。

そこでデリダの取った新たな戦略が、「ロゴス的に書く」ことを放棄することだったのではないだろうか。七〇年代から八〇年代の著作を見ると、デリダがその戦略を意図的に取っているのが理解できるように思う。今までの伝統では、書物といえば統一的な思想をもち、明確に組織化されることをめざしていた。この伝統に、初期のデリダもしたがっていたが、中期になって、デリダはこの書物観（「ロゴス中心主義的書物観」）から脱却するわけである。

しかしながら、この戦略がきわめて危険であることは、言うまでもない。というのも、一歩間違えば、著作の意図が理解できず、デリダの試みがまったくのナンセンスのように見えるからだ。書物をロゴス的に書かない理由は分かったとしても、そうした書物は読むに堪えないものになる可能性がある。じっさいデリダ自身、読者が『絵葉書』を最後まで読み通せるか、不安を表明している。

さらに言えば、中期の「転回」は、こうした書き方の変化にとどまるわけではない。前期の「脱構築」がロゴス的に見える一つの要因は、「原＝エクリチュール」といった超越論的な次元を想定したことにあるだろう。デリダはそれを実体化（＝「現前化」）しないように、「痕跡」や「差延」といった言葉で表現しているけれど、「差延的な原＝エクリチュール」がパロールの「可能性の制約」（カント風には「超越論的条件」）のように受け取られても仕方ないだろう。

つまり、デリダが「音声＝ロゴス中心主義」や「現前性の形而上学」を批判（＝「脱構築」）するため、「差延」や「痕跡」としての「原＝エクリチュール」を想定したとしても、こうした想定そのものは「ロゴス中心主義」ないし「現前性の形而上学」に見えるわけである。「原＝エクリチュール」は記号のさまざまな差異を生み出す「超越論的」なものであって、下手をするとヘーゲル的な「精神」にさえ見えてくるのではないだろうか。

そこで、デリダは中期になって、こうした「超越論的脱構築」の危険性を徹底的に排除しようとした、と思われる。経験的な領域を一気に超えて、「原＝エクリチュール」といった根源的なレベルにいたるのではなく、個々のエクリチュールの具体的な実践を通して、そこから全体を浮かび上がらせようとするのだ。これは、デリダがベンヤミンの言語論から読み取った戦略でもある。その戦略をデリダは、「郵便」モデルによって展開するようになる。前期の「超越論的な差延」は経験を超え、それを可能にするような根源的次元を原理とするように見えたが、中期に構想された「郵便的な差延」はそうした原理を必要としないのだ。しかし、そもそも、どうして「郵便」なのだろうか。それを理解するために、『絵葉書』を見ることにしよう。

郵便モデルの構想

中期を代表する『絵葉書』は、全体として四つの文書から構成されている。一つは、全体の半分ほどを占めている「送る言葉（郵送物）」であり、日付のついた一連の手紙文から成っている。その他の三つは、フロイトやラカンにかんする論文や対談であるが、それぞれ独立に発表されたものである。では、全体として『絵葉書』は、何をテーマとするのだろうか。デリダは、「送る言葉」の冒頭で、次のように書いている。


これらの郵便物《アンヴォワ》（envois）は、私が書かなかったある書物への序文として読むことができるかもしれない。

その書物は、あらゆる種類のポストから精神分析に至るさまざまな事柄に関することを論じたはずだった。

郵便的な効果の何らかの精神分析を試みるためというよりは、フロイトの精神分析という特異な（単独的な）出来事から発して、郵便物一般の歴史とテクノロジーへ、そして、送付《アンヴォワ》（物）と、何らかの遠隔通信〔テレ（遠隔）コミュニケーション〕を介してみずからの宛先＝行先を指定すると主張するあらゆる事柄に関する何らかの一般的理論へと送り返すために。（『絵葉書』）

この部分だけでは、デリダがどんなことを考えているかは明らかではない。しかし、少なくともテーマになっているのが、「郵便」をモデルにしたコミュニケーションのあり方であることは確認できるだろう。それをデリダは、「テレ（遠隔）コミュニケーション」と呼んでいる。これについては後で取り上げるとして、そもそもデリダは「郵便」に対して、どのようにかかわるのだろうか。

「真理の配達人」（邦訳「真実の配達人」）と題された論文で、デリダはラカンの「『盗まれた手紙』についてのセミネール」（『エクリ』所収）を分析しながら、「手紙」にかんするラカンとの考え方の違いを明らかにしている。エドガー・アラン・ポーの小説（『盗まれた手紙』）を解釈するにさいして、ラカンの基本的な立場は次の言葉に表現されている。「《盗まれた手紙》さらには《保管中の手紙》なる言葉の真意は、手紙というものはいつも送り先に届いているということなのです」（『エクリ』）。デリダはラカンのこうした立場に「ロゴス中心主義」を見出《みいだ》して、次のように反論している。

手紙の残留的構造とは「セミネール」がその最後の言葉として言っていること（『盗まれた手紙』さらには「受取人不明の」手紙が意味するところは、手紙はつねに宛先に届くということである」）とは反対に、手紙は、宛先に届かないことが常にあり得るということだ。〔……〕手紙が決して宛先に届かないというのではなしに、届かないことがつねにあり得るということは手紙の構造に属しているのである。

（「真実の配達人」『現代思想』一九八二年二月臨時増刊号）

一般的に考えても、郵便物が、途中で廃棄されたり、誤配されたり、遅配されることは、不思議なことではない。「郵送すること、それは停止、中継ないし中断的遅延、配達人の場、横領＝迂回《うかい》や忘却の可能性を計算に入れつつ郵送することだ」（『絵葉書』）。郵便物が行方不明になることは、いつだって起こりえる。したがって、ラカンのように手紙はかならず宛先に届く、とは言えないわけである。しかし、どうしてデリダは、このような郵便概念を語るのだろうか。

それ〔郵便〕は名宛人が来るのを待っている、が名宛人は常に、めぐり合わせ《ダヴァンチュール》によっては、来ないことがありうる。

そして郵便原則は原則《プランシップ》＝始元ではないし、超越論的カテゴリーでもない。この名（数ある他の名――たとえば君――のなかのひとつの名にすぎない）のもとに告げられている、ないし送られているものは、〔……〕なんらかの超越論化に従属することはない。郵便とはささやかな折り目（手紙・封筒）（pli）にすぎない、そうも言える。さまざまな中継しか存在しないということを印づけるためのひとつの中継。（『絵葉書』）

ここで示唆されているように、デリダが「郵便」モデルを提唱したのは、「超越論化」を何としても排除したいからである。郵便物は、必ずしも宛先に届くわけではなく、その行程はつねに同一であるわけでもない。こうした郵便のあり方を、デリダは「郵便的な差延」と呼んでいる。しかしながら、その「郵便」モデルによって、デリダはそもそもどんなことを具体的に考えているのだろうか。

「郵便」モデルと「テレ（遠隔）コミュニケーション」

デリダが「郵便」として想定しているのは、じっさいの「郵便」だけでなく、哲学的な書簡や、さらには著作そのものをも含み、広大な領域をなしている。たとえば、フロイトやハイデガーのような「思想の巨匠は郵便の巨匠〔郵便局長〕でもある」と言われている。プラトンの『書簡』は、次々に配達され、プラトン自身が想像さえしなかった人々にまで、届けられる。

ここから分かるのは、デリダが「郵便」というモデルで示そうとしているのは、「書くこと、書かれたもの（エクリチュール）」によるコミュニケーションだということである。それをデリダは、「テレ（遠隔）コミュニケーション」と呼んでいる。したがって、デリダが「郵便」モデルによって考えているのは、音声言語（パロール）による直接的なコミュニケーションとは区別された、文字言語（エクリチュール）によるテレ（遠隔）コミュニケーションである、とひとまずは言ってよい。また、文字言語によるコミュニケーションが、「テレ（遠隔）」であるのは、文字言語の特性からも了解できるだろう。

一般に、コミュニケーションの歴史的展開をたどってみると、①直接的な音声言語（パロール）によるコミュニケーションの後に、②手紙などの文字言語（エクリチュール）によるコミュニケーションが続く、とされている。さらには、③印刷術の発明による書物の普及が始まり、④二〇世紀前後から音声や映像の記録が可能になり、電話やラジオ、映画やテレビ、さらには現在のデジタル通信ネットワークが出現するわけである。

こうしたコミュニケーションの展開を考慮したとき、デリダが②以降のコミュニケーションのあり方（「テレコミュニケーション」）を、「郵便」モデルとして示した、と理解することができるだろう。しかもデリダは、このモデルをハイデガーがGeschick（歴運）と呼んだものの捉え直しだと考えている。

郵便と呼んでいるもの、すべての人がこの語のもとに理解していると思っているもの（ある場所から別の場所へと走る伝令も含めて、古代ギリシアないし古代オリエントの郵便物から、国家による独占、飛行機、テレックス、電報、さまざまなタイプの配達人と配達などに至るまでの、ひとつの同じタイプのサービスあるいはテクノロジー）、もしこうした郵便が、送付《アンヴォワ》一般のひとつの時代《エポック》＝停留にすぎないのであれば〔……〕、Geschick の代わりに郵便という語を用いること、つまり、すべての送付は郵便的であり、命運として送り遣わされることと（le destinal）は郵便として送られると述べること、これはおそらく「隠喩的な」濫用《らんよう》、収縮不可能な意味を厳密な意味へと縮小することかもしれない。

（『絵葉書』）

ここで注目しておきたいのは、デリダの「郵便」論が、現代のデジタル情報ネットワークをも包括することである。じっさい、「歴史を通して見た郵便物、郵便制度、遠隔通信の技術と習慣、遠隔通信のネットワーク」といった言葉が語られることから考えても、デリダの射程が分かるだろう。デリダは到来しつつあるデジタル通信テクノロジーを見据えつつ、「郵便」モデルを構想しているのだ。

しかし、①の音声言語の直接的なコミュニケーションは、「郵便」モデルと無縁なのだろうか。それを理解するには、音声言語的なコミュニケーションと郵便的なテレ（遠隔）コミュニケーションの関係を確認しなくてはならない。

一般に、音声言語的コミュニケーションでは、対話の送り手と受け手は相互理解によって、合意に達すると見なされている。こうした「透明なコミュニケーション」の理想は、たとえばハーバマスのコミュニケーション理論でもオースチンやサールの言語行為論でも想定されている。面と向かって話し合えば、お互いに理解し合うことができる、というわけである。はたしてそうなのだろうか。

デリダの郵便的なテレ(遠隔)コミュニケーション論は、まさにそうした想定を解体するのである。相手と話し合えば話し合うほど、むしろ誤解や不信が生じることはないだろうか。音声言語的なコミュニケーションといえども、透明なコミュニケーションではなく、「隔たり」が生まれるのではないだろうか。

そもそも、対話者相互がまったく分かり合っているならば、コミュニケーションの必要さえなかっただろう。言いかえると、コミュニケーションには、「隔たり」がつねにすでに前提されている、と言わなくてはならない。郵便的な「テレ(遠隔)コミュニケーション」は、音声言語的な「コミュニケーション」に先立っている。デリダは「コミュニケーション」のあり方を、総じて「テレ(遠隔)コミュニケーション」として理解したのだ。こうして、音声言語的なコミュニケーションもまた、「郵便」モデルによって脱構築されたわけである。

Ⅲ　脱構築の政治化

デリダの政治化と「ポスト構造主義」

一九八〇年代の後半ごろから、デリダは政治的な発言を積極的に行なうようになった。もともと、「脱構築」という考え自体、既成の伝統的な階層秩序を解体することをめざしているので、政治的であったはずだ。デリダにとって、「ロゴス中心主義」への批判は、「西洋中心主義」批判であるし、「男性中心主義」批判でもあった。そのため、彼は早い時期から、哲学と政治の結びつきを表明していた。たとえば、一九六八年の国際シンポジウム（「人間の目的＝終わり」）では、「およそ一切の哲学討議会は必然的に一つの政治的な意味合いをもつ」と明言されている。

ところが、その後デリダは、政治について語ることを慎重に避けてきたように見える。とりわけ、中期の「郵便」モデルで議論を展開するとき、その傾向は顕著になっている。そのため、たとえ郵便的な「テレ（遠隔）コミュニケーション」論が、音声言語的なコミュニケーションを掘り崩すとしても、そこに政治的なメッセージを読み取ることは、ほとんど不可能に近いだろう。

ところが、九〇年代になると、デリダは政治的な著作を次々に出版することになった。その一つが、マルクス主義へのコミットメントであり、代表的な著作は『マルクスの亡霊たち』である。もう一つは、「正義」への問いであり、『法の力』がその中心となるだろう。さらに、「民主主義」の問題があり、デリダはそれを、『友愛のポリティクス』や『歓待について』において解明している。

こうしたデリダの政治化と密接にかかわっているのが、「ポストモダニズム」や「ポスト構造主義」との関連である。一般的な傾向として、デリダの思想を「ポスト構造主義」と呼び、「脱構築」の戦略を「ポストモダニズム」と見なすことは、アメリカを中心に広がっていた。そのため、本書でもまた、ドゥルーズやデリダの思想を「ポスト構造主義」と位置づけていた。ところが、政治化することによって、デリダはこのレッテルに猛然と抗議することになる。たとえば、二〇〇二年の『マルクスと息子たち』において、次のように書いている。

> 『マルクスの亡霊たち』あるいは私の仕事全般を、ポストモダニズムとかポスト構造主義とかいった「類」の単なる一種、一ケース、一例のように語る性急さにも私は驚かされた。それは十把《じっぱ》一絡《ひとからげ》と呼ぶべき概念にほかならない。事情をよく知らない世論（そして多くの場合は巨大ジャーナリズム）は、「脱構築」をはじめとして、自分たちが好まない、あるいは理解できないもののほとんどすべてをこの概念の中に並べてしまうのだ。私は自分のこ

とをポスト構造主義者とも、ポストモダニストとも考えていない。

ここで注意したいのは、デリダがこの発言を行なった背景である。九〇年代になると、フランシス・フクヤマというアメリカの政治学者が『歴史の終わりと最後の人間』(一九九二年)を出版して、「マルクス主義の死」を高らかに宣言し、それを「歴史の終わり」と呼んだ。ところが、フクヤマの「歴史の終わり」という考えは、一般的には、「ポストモダニズム」や「ポスト構造主義」と「政治的、哲学的に見て近接している」と見なされていた。したがって、もしデリダが「ポスト構造主義者」ならば、フクヤマの政治思想と立場が近いことになるだろう。しかしながら、こうした理解は、デリダにとって断固として拒否すべきことだったのだ。フクヤマが下した「マルクス主義の死、共産主義の死」という評言を、デリダは哲学者として批判すべきだと考えたからである。

「ブラボー、これで〔マルクス主義・共産主義は〕終わった、ネオ資本主義とネオリベラリズムの勝利だ」という類の偏執的で浮かれきった言いぐさは、政治的なレトリックの最も力強いモチーフとなりました。そのようなものに対して抗議することこそ、私たち、哲学者や市民の責任であると私には思われたのです。

(『言葉にのって』)

デリダ自身はマルクス主義者でも、共産主義者でもないが、社会主義の世界的な崩壊と、グローバリゼーションと呼ばれる「ネオ資本主義、ネオリベラリズム」の覇権を前にして、それに対抗する政治思想を構築する必要があったわけである。このデリダの政治化が、「ポスト構造主義」というレッテルの拒否につながっている。それでは、政治化によって、デリダの思想はどこへ向かったのだろうか。

亡霊的脱構築

一九九三年にカリフォルニア大学で「マルクス主義はどこへ行くのか?」というテーマで国際コロキアムが開催された。そのころは、「ベルリンの壁」が崩壊し、またソヴィエト連邦も解体したこともあって、世界的に「マルクスの死、共産主義の死」が声高に叫ばれていた。フクヤマが「歴史の終わり」といった議論を展開したのも、ちょうどこの時期である。こうした環境のなかで、デリダは講演を行ない、次のように言い放ったのである。

今日、世界には、支配的な一つの言説、あるいはむしろ支配的になろうとしている一つの言説がある。〔……〕この支配者づらをした言説は、〔……〕偏執的な、歓喜に満ちた、まじないのような形式をしばしば持っている。〔……〕一律の歩調で歩みながら、それは叫ぶ。マルクスは死んだ、共産主義は死んだ、たしかに死んだのだ。その希望、その言説、その理論と実践の数々とともに。資本主義万歳、市場万歳、経済的-政治的リベラリズムこそ生き長らえよ！と。

（『マルクスの亡霊たち』「II　共謀する＝厄祓いする――マルクス主義（を）」）

マルクスを清算しようとするこうした状況に抗して、デリダはむしろ、マルクスの「遺産を相続」することを宣言している。「相続はつねに使命である。その使命がわれわれの行く手にあり続けるということは、反証の余地がない」。しかし、マルクスの「遺産を相続する」といっても、現代世界では状況がすっかり変わっているので、マルクスの戦略をそのまま踏襲しても、おそらく有効ではないだろう。デリダはどのようにして、遺産を相続するつもりだろうか。

デリダが提唱するのは、「新しいインターナショナル」である。「インターナショナル」といえば、かつてマルクスが「万国の労働者の普遍的団結」をめざして、組織したものである。ところが、デリダが呼びかける「新しいインターナショナル」は、マルクスとも、マルクス主義とも、異なっている。

「新しいインターナショナル」は、〔……〕反時代的で身分規定のない絆《きずな》であり、タイトルも名前もない絆であり、たとえ非合法ではないにせよかろうじて公的な絆であり、契約も〔……〕共闘組織《コオルディナシオン》も、党派も、祖国も、国民的共同体＝共通性も、共通の市民権も、ある階級への共通の所属もない絆なのである。ここで新しいインターナショナルを名乗るものは、制度なき同盟の友愛へと呼び戻す何かである。（同前、「Ⅲ　摩耗」）

デリダによれば、「今日世界のいたるところで告げられているように、党という構造はますます胡散臭《うさんくさ》くなっている」。それは、「公共空間や政治生活や民主主義の諸条件」に「適応できなくなっている」のだ。こうして、デリダは、階級所属や党派性、さらには国民的限定をも取り外し、「新たなインターナショナル」を提唱するわけである。その点で、従来のマルクス主義と一線を画しているのは、明らかだろう。

こうしたマルクス主義との相違は、デリダの基本的な発想にも及んでいる。デリダは、マルクスが『共産党宣言』のなかで「亡霊」を語ったことに触れながら、マルクスとの違いを次のように明言している。この箇所はデリダの核にあたる考えなので、少し長くなるが、そのまま引用しておきたい。

マルクスが一八四七年から一八四八年にかけて共産主義の亡霊という名を口にしたとき、彼は、私が「マルクスの亡霊たち」というタイトルを提案した際に当初考えていた歴史的パースペクティヴとはまさに正反対のパースペクティヴのなかに、その亡霊を書き込んでいる。私は、ある過ぎ去った現在の執拗《しつよう》な持続、ある死者の回帰、世界的な喪の作業が厄介ばらいすることができず、やみくもに遭遇をのがれようとし狩ろうとする（すなわち排除し追放すると同時に、その跡を追おうとする）幽霊的な再出現、それを亡霊という名であらわす誘惑に駆られていた。しかしマルクスは、これから来るはずの現前性を予告し、呼び求めていたのである。彼は予言し、かつ規定＝予め記している（prescrite）ように見える。すなわち、その時点では古いヨーロッパのイデオロギー的表象のなかでは亡霊でしかないものが、将来において現前する現実、すなわち生きた現実になるべきだということを。

（同前、「Ⅳ　革命の名のもとに、二重のバリケード」）

『共産党宣言』（一八四八年）のなかで、マルクスは「共産主義」を「亡霊」と呼んでいる――「亡霊がヨーロッパに取り憑《つ》いている――共産主義の亡霊が」。デリダによると、そのときマルクスは、それが「亡霊」にとどまらず、将来において現実化（現前化）すべきだと考えている。その意味では、マルクスもまた「現前性」の「存在論」にとどまっている、と言ってよい。それに対して、デリダは共産主義を、実現すべき将来のユートピアと見なさず、あくまでも「亡霊的」なものと考えるのだ。ここには、「現前性」を拒否するデリダの一貫した思想が、明確に示されている。

世界の状況とメディア環境

デリダが政治化するとき、彼の眼前にいかなる状況が広がっていたのだろうか。それについて、二つの側面から確認しておこう。まず一つの側面は、「新世界秩序」と呼ばれる世界の状況である。フクヤマは「社会主義の終わり」によって、「西洋民主主義」が勝利し、安定した平和が広がると語っていた。ところが、デリダの見るところ、まったく異なる風景が進行している。

世界はうまく行っていない。光景《タブロー》は暗く、ほとんど黒一色だと言えるだろう。〔……〕この地球史と人類史において、暴力、不平等、排除、飢餓、そして経済的抑圧が、かつてこれほど多くの人間を苦しませたことはない、〔……〕いかなる進歩があろうとも絶対数で見たとき、かつて地球上でこれほど多くの男女と子どもが奴隷化され、飢え、絶滅させられたことはなかった〔……〕（同前、「Ⅲ　摩耗」）

デリダによると、現代世界（「新世界秩序」）には、一〇個の傷口（問題点）が歴然と存在している。①失業と貧困、②大量のホームレスと無国籍者・移民、③仮借なき経済戦争、④自由市場の矛盾、⑤対外債務の深刻化、⑥兵器産業と兵器貿易、⑦核軍備の拡大、⑧共同体・国民国家・国境などのアルカイズム、⑨マフィアや麻薬カルテルなどの権力、⑩国際法にかかわる制度の限界である。

こうした世界の状況とともに、デリダが見据えていた世界的な変化にも着目しなくてはならない。それは、グローバリゼーションの進展によって、情報通信環境が決定的に変化したことである。じっさい、デリダは、政治的言説・メディア的言説・学術的言説の三つを区別したうえで、〈メディア〉がもつ今日的意義について、次のように書いている。

政治的－経済的ヘゲモニーも、知的もしくは言説的支配と同じように、かつてないような度合いで、また形態で、技術的－メディア的権力を経由している。すなわち、差異化されていると同時に逆説的な仕方で、いかなる民主主義をも条件づけかつ危険にさらすある権力を経由している。ところでこの権力、差異をふくんだ諸権力のこの総体は、次のような一切を考慮に入れることなしには、分析したり、ことによっては戦ったり、ここでは支持し他のところでは攻撃したりするといったことができない。すなわち、今日未曾有の力を発揮しているかくも多くの亡霊的効果を、仮象《シミュラクル》が出現する新たなスピードを（この出現《アパリシオン》という語を幽霊的な意味で了解しておこう）、合成《ジンテーゼ》イメージあるいは代替《プロテーゼ》イメージを、ヴァーチャルな出来事を、サイバースペースと臨検を、我有化と投機を考慮することなしには。（同前、「II　共謀する＝厄祓いする――マルクス主義（を）」）

デリダは、こうした「メディアという媒体（情報、報道、テレコミュニケーション、〈技術《テクノ》-遠隔《テレ》-言説性〉、〈技術《テクノ》-遠隔《テレ》-イコン性〉、すなわち公共空間の空間化を、***res publica***（公共的事象）の可能性そのものおよび〈政治的なもの〉の現象性を、保証し規定するもの）」が、「生きてもいず死んでもいず、現前してもいず不在でもな」いという点で「亡霊化作用」をもつと考え、そのために「憑在《ひょうざい》論」と呼ぶものを要請している。つまり、デリダにとっては、今日のメディア（情報遠隔通信）こそは、まさに「亡霊的」なのである。

こうして、デリダの眼前には、新世界秩序の傷口とメディア環境の決定的な変化が広がっている。——こうした状況に対して、デリダはどのような提案を打ち出すのだろうか。

メシアニズムなきメシア的なもの

このような状況に対して、デリダが提唱するのは、「メシアニズムなきメシア的なもの」である。ここで「メシア」というのは、ユダヤ・キリスト教において「救世主」を意味する言葉であるが、デリダはその言葉を、宗教的・神学的含意から切り離し、「経験の構造を指示する」言葉として使っている。しかし、この考えを、そもそもどう理解したらいいのだろうか。

デリダは、この概念が「マルクスからの遺産」であることを認めたうえで、「メシアニズムなきメシア的なもの」について、次のように説明している。

私がけっして放棄するつもりのないマルクス主義の精神が存在するとするならば、［……］それはむしろ、解放を目指すメシア的な肯定といったものであり、約束の経験といったものであり、一切の教義体系や一切の形而上学的 - 宗教的規定から、さらに一切のメシアニズムからさえ自由になることが試みられた限りでのそうしたものである。そして約束なるものは、守られることを、すなわち「精神的」もしくは「抽象的」なままにとどまらず、諸々の出来事を、行動や実践や組織の新たな形態などを産み出すことを約束しなければならない。（同前、「III　摩耗」）

こうした「メシアニズムなきメシア的なもの」という考えは、おそらくベンヤミンの「歴史哲学テーゼ」を想起させるだろう。じっさい、ベンヤミンはその「第一七テーゼ」において、「メシア的時間」が「抑圧された過去のための闘争における革命のチャンス」だと語っている。そのため、デリダの思考は、ベンヤミンに由来すると、しばしば指摘されてきた。ところが、デリダによれば、「このメシア性という非ユートピア的思考は、本当のところ、本質的には、ベンヤミン的伝統に属していない」。デリダによると、ベンヤミンの「メシア的なもの」は、「ユダヤ的メシアニズム」と密接に関連している。

しかしながら、デリダのように、「メシアニズム」を切り離すこと「メシア的なもの」とができるのだろうか。「メシア的なもの」を肯定することは、むしろ何らかの「メシアニズム」に導かれるのではないだろうか。たとえば、マルクスが「実現すべきユートピア」としての共産主義を求めたように。しかしながら、デリダはそうした「ユートピア」性を徹底的に排除するために、「メシアニズムなき」という規定にこだわったのである。そして、まさにこの「メシアニズムなきメシア的なもの」という考えから、政治的なデリダの基本的な思想（「来たるべき民主主義」、「無条件の歓待」、「脱構築不可能な正義」）が出てくると言えるだろう。

しかしながら、『マルクスの亡霊たち』では、「メシアニズムなきメシア的なもの」について、あまり明確には説明されていないように思われる。そのため、デリダが積極的に何を主張するのか、必ずしも明確になったとは言い難い。マルクスやベンヤミンの「メシアニズム」を否定して、「メシア的なもの」という遺産を継承することは理解できるとしても、そこから「世界の傷口」に対してどう対処するのか、また情報遠隔通信に対してどうかかわっていくのか、具体的なことはほとんど不明なのだ。これを具体的に理解する作業は、おそらく私たちに残されているのだろう。

第6章　ポスト構造主義以後の思想

「指導的思想家」時代から「共同研究者」時代へ

二〇〇四年にデリダが亡くなり、また二〇〇九年には長命だったレヴィ＝ストロースも死去して、指導的思想家たちはすべて姿を消してしまった。構造主義からポスト構造主義へといたるフランス現代思想は、一つの幕をおろしたように見える。とすれば、フランス思想は現在、いったいどうなっているのだろうか。ドゥルーズやデリダの後、注目すべき思想家はいったい誰なのか。デリダ亡き後、おそらく関心の多くが、ここに集まるはずだ。

ところが、期待とは裏腹に、「将来の有望な思想家」を探すことは、なかなかうまくいかない。『構造主義の歴史』を書いたフランソワ・ドッスが、続編として一九九〇年代以降の思想を考察した著作『意味の支配』（一九九五年）を刊行している。それを見ると、現在の状況の複雑さが、よく分かる。取り上げられている思想家があまりにも多く、名前をすぐに忘れてしまうほどである。

しかし、問題の複雑さは、数の多さだけにとどまらない。むしろ、研究のスタイルそのものが、すっかり変わっているのだ。デリダがまだ存命中の段階で、ドッスは次のように書いている。

今日主流となっている動向を見るとき、フランス知性の舞台は、ふたつの系列にはっきりと区分されているように見える。一方、まことに多様な問題について意見を求められ、マスメディアを通じて活発に発言している数人の哲学者、他方、自分たちの研究の技術的側面にますます閉じこもってまったく微粒子化した人文科学研究者の共同体だが、後者は、社会の関心をそそり公共の討論に参加できるような共通の言語を生み出すことができない。〔……〕指導的思想家たちの消失と統一を図る大パラダイムの終焉《しゅうえん》は空虚ではなく、豊かで強烈な、そして、複合的な活動に引き継がれたが、その興奮は一般市民まではほとんど届かない。それは、主として研究が共同作業という従来とはまことに異なった形で機能していることによる。

（『意味の支配』「はじめに」）

ここで分かるように、ポスト構造主義以後、フランスで主流となったのが、狭い分野に閉じこもって、共同作業を推進する専門的研究者であって、従来のような指導的思想家ではない。その結果、何が起こったのだろうか。ドッスは次のように述べている。「研究は厳密さを獲得したが、市民社会では影響力を失った。研究は、今日ますます微に入り細を穿《うが》った論文として巡回し、シンポジウムあるいは専門誌の範囲内で手を加えられ注解され討議されて練り上げられる」。

こうした研究者たちの中から、ドッスは将来有望なグループを四つに分類し、そのなかの注目すべき思想家を取り出している。しかし、ドッスの紹介的議論は、多岐にわたり、簡単に要約できるものではないので、興味ある読者にはそれを参照していただきたい。ここでは別の側面から、「ポスト構造主義以後」について考えてみたいと思う。

その一つは、フランス社会における「ポスト構造主義」の位置づけである。アメリカや日本で考えると、八〇年代や九〇年代のフランス思想といえば、フーコー、ドゥルーズ、デリダなどの「ポスト構造主義」を思い浮かべがちである。ところが、そのころフランスでは、彼らの思想に対する関心は、むしろ下火になっていたのだ。その点では、指導的思想家たちの死以前に、彼らの思想の影響力は弱まっていた、と言える。そこで「ポスト構造主義」に対する誤解を避けるためにも、そのあたりの事情について考えておきたい。

もう一つは、指導的思想家たちから教えを受けた後継者たちの思想的展開である。フーコー、ドゥルーズ、デリダが提起しつつも、後世に宿題として残した問題に対して、新たな世代の思想家たちが、独自の仕方で解明を加えている。ここでは、政治・権力の問題と、メディアの問題に分けて、最近の議論を取り上げてみたい。もしかしたら、この議論こそが、

「ポスト構造主義以後」に最もふさわしいのかもしれない。

I　フランスにおける「フレンチ・セオリー」の衰退

「フレンチ・セオリー」終焉の始まり

パリ第十大学の教授フランソワ・キュセが二〇〇三年に『フレンチ・セオリー』を出版したが、これはアメリカにおいて、フランスの現代思想がどのように受容されたのかをテーマにしている。それによると、構造主義・ポスト構造主義といったフランスの現代思想（「フレンチ・セオリー」）は、七〇年代以降アメリカで大きな影響を与えつづけてきたが、フランスの状況はそれとまったく対照的だったのである。

フランス、それはいわば逆さまの世界である。まずはアメリカが、続いて世界のその他の国における知の領域が少しずつラカン＝デリダ的、あるいはフーコー＝ドゥルーズ的なものの見方を血肉化していく間、こうした見方だけでなく、彼らのテーマについて議論するための可能性そのものも、急激にフランスから追放されてしまっていた。〔……〕フレンチ・セオリーの政治的・哲学的争点がアメリカの大学で中心的な位置を占めているとき、フランスではフレンチ・セオリーは二重の意味で不当に扱われた。〔……〕フランスの大学では、当初華やかだったフレンチ・セオリーの地位が、最終的に周縁的なものになり〔……〕

（『フレンチ・セオリー』第一四章）

ここで指摘されていることは、一般的なイメージとかけ離れているのではないだろうか。日本での印象からすれば、フーコー、ドゥルーズ、デリダなどは、いわばスター的な思想家であって、本国でもたえず主導的な役割を担いつづけてきた、と思われるだろう。ところが、日本においてフランス現代思想ブーム（「ニュー・アカデミズム」）が訪れた八〇年代前半のころは、フランスではすでに「周縁的」なものへと「追放」されていたのである。

このギャップは、きわめて大きいと言わなくてはならない。つまり、「ポスト構造主義」の終焉は、指導的思想家たちの死よりもずっと以前に始まっていたわけである。では、その終焉は、いつから始まり、どんな経過をたどったのだろうか。

きっかけとなったのは、いわゆる「ソルジェニーツィン事件」と言えるだろう。ソヴィエト連邦の作家アレクサンドル・ソルジェニーツィンが、一九七三年の暮れにフランスのパリで『収容所群島』第一巻を発表し、世界中に衝撃を与えたのである。この書物で、ソルジェニーツィンは、膨大な証言や手紙にもとづきながら、社会主義体制であるソ連内部の残虐性（強制収容所への投獄、密告・監視・拷問、強制労働、処刑など）を白日のもとに暴き立てたのだ。

社会主義体制の問題は、すでにスターリン批判も行なわれていたので、今までも知られていなかったわけではなかった。ところが、ソルジェニーツィンは、スターリン体制だけでなく社会主義革命の当初から、残虐な暴力が始まっていたことを実際の資料によってありありと描き出したのだ。しかも、『収容所群島』を最初にフランスで出版することによって、彼は次の年（一九七四年）にソ連から追放されたのである。

この「ソルジェニーツィン事件」がフランスの知的世界に与えた影響は、きわめて大きかった。この事件によって、社会主義国への幻滅が広がっただけでなく、理論としてのマルクス主義そのものに対する信頼も消失し始めたのである。さらに決定的だったのは、「六八年以来人々の口に残っていた革命のライトモチーフ」が、表舞台から消え去ったことである。こうして、「六八年五月」に結びつくような「ポスト構造主義」も、しだいに共感を呼ばなくなったわけである。

ヌーヴォー・フィロゾフ

ソルジェニーツィンの『収容所群島』に衝撃を受け、社会主義やマルクス主義への批判を開始したのが、「ヌーヴォー・フィロゾフ（新哲学派）」と呼ばれる若手の思想家たちである。彼らの大部分は、六八年のころは「毛沢東派」であったが、七〇年代になると思想的に転向したのである。彼らは、従来の思想家とはまったく違った形でマスメディアを利用し、雑誌や新聞だけでなく、テレビやラジオなどにも出演し、一気にブレークしたのである。

その代表的な人物が、一九三七年生まれのアンドレ・グリュックスマンや彼より一一歳年下のベルナール＝アンリ・レヴィである。グリュックスマンは、「国家、マルクス主義、強制収容所についての試論」という副題をもつ『料理女と人喰い〔邦題：現代ヨーロッパの崩壊〕』（一九七五年）を書いて、マルクス主義と強制収容所の関連を示唆した。また、一九七七年には、より広い視野からフィヒテ、ヘーゲル、マルクス、ニーチェを論じた著作『思想の首領たち』を出版して、評判を呼んだのである。

もう一人のレヴィは一九四八年生まれなので、六八年五月のとき二十歳前だった。彼は七六年に、雑誌で「ヌーヴェル・フィロゾフィー（新しい哲学）」についての特集を依頼され、グリュックスマンとともに「ヌーヴォー・フィロゾフ」として認知されていく。ここでは、レヴィが「間もなく三〇歳になる」ときに出版して、たちまちベストセラーとなった書物『人間の顔をした野蛮』（一九七七年）を取り上げ、「新哲学派」が何を主張したのかを確認しておこう。彼は、『収容所群島』の衝撃を、次のように語っている。

私は、全体主義的言語活動にかんして、多くの学問的な解説書のなかよりも、『収容所群島』を読んでずっと多くのことを学んだ。三〇年前から西欧の運命について省察している社会学者、歴史家、哲学者の大部分より、ソルジェニーツィンに多くのことを負っている。書かれ、出版されるやいなや、われわれの風景と、われわれのイデオロギー的標識をひっくり返すに充分であったこのテクストの謎。（『人間の顔をした野蛮』）

レヴィによると、「ソヴィエト連邦についての事実」なら、すでに知られていた。「だがソルジェニーツィンとともに、そしてアンドレ・グリュックスマンのおかげで、事態は別のものになった」。では、『収容所群島』から、何が変わったというのだろうか。一言でいえば、ソヴィエト連邦の「収容所」が、単にスターリン時代の例外といったものではなく、マルクス主義そのものに根ざし、さらにはマルクス本人とその書物（『資本論』）に由来することだ。

ソルジェニーツィンがあえて初めて告発したもの、すなわち父なる創設者その人〈カール・カピタル〉とその聖なる書物は、あらゆる疑惑のそとに置いてきた。〔……〕口元まで出かかっていたが、発する勇気がなく、予感はしていたが知ることがなく、あるいは知ってはいたが言うことができなかったあの言葉が、言えるようなものに、ただたんに言えるものになるには、彼の作品が必要だった。すなわち――果実のなかには虫はおらず、罪はあとからやってきたわけではなかった、なぜなら、虫とは果実のことであり、罪とはマルクスのことなのだから、と。

こうして、レヴィは鮮明にマルクスおよびマルクス主義批判を打ち出すとともに、他方で「新しい極左主義の流行」として、ドゥルーズ＝ガタリの『アンチ・オイディプス』への批判も行なっている。レヴィによると、『アンチ・オイディプス』は「六八年五月」の運動を引き継いでいるが、基本的な発想はマルクス主義に依拠しているのだ。したがって、『アンチ・オイディプス』の思想もまた、「新しい全体主義」として、「人間の顔をした野蛮」と呼ばなくてはならない。

このような「新哲学派」のキャンペーンは功を奏して、七〇年代の後半になると、マルクス主義への信頼だけでなく、「六八年五月」への共感も、さらには革命的左翼への希望もすっかり消え去ってしまった。

ポストモダニズム

それに追い打ちをかけるように発表されたのが、ジャン＝フランソワ・リオタールの『ポストモダンの条件』（一九七九年）である。リオタールは、当時アメリカで流行していた文化概念「ポストモダン」を取り上げ、それに哲学的な定義を与えたのである。この概念はもともと、多様性や異種混合性などを特徴とした「ポストモダン建築」において使われていたが、リオタールは先進社会の知的状況をさす言葉へと拡大したわけである。

この研究が対象とするのは、高度に発展した先進社会における知の現在の状況である。われわれはそれを《ポストモダン》と呼ぶことにした。この用語は、現在、アメリカ大陸の社会学者や批評家たちによって広く用いられている。〔……〕われわれの作業仮説は、社会がいわゆるポストインダストリー〔脱産業〕時代に入り、文化がポストモダン時代に入ると同時に、知のステータスにも変化が生じるというものである。

（『ポストモダンの条件』）

リオタールがポストモダンを特徴づけるとき、「モダンの大きな物語が終わった」、と規定したのは有名な話であろう。このとき、モダンの「大きな物語」には、マルクス主義の原理（「労働者としての主体の解放」）も含まれている。したがって、リオタールのポストモダン論は、マルクス主義的な革命思想への葬送曲と理解することができるだろう。

このポストモダン論を発表する以前、リオタールはマルクス主義者として知られ、六八年五月にも政治活動を行なっていた。また、一九七三年に『漂流の思想――マルクスとフロイトからの漂流』、七四年に『リビドー経済学』を出版して、一般にはドゥルーズ＝ガタリの『アンチ・オイディプス』に近い立場だと見なされていた。じっさい、彼とドゥルーズは当時、同じ大学で教え、良好な友人関係を保っていたようだ。

ところが、『ポストモダンの条件』が発表されると、二人の関係は冷え切ってしまったのである。ドッスが描いた『ドゥルーズとガタリ　交差的評伝』に、当時の状況を伝える次のような記述がある。

ヴァンセンヌの哲学者で、ドゥルーズに近いもうひとりの大物は、《社会主義か野蛮か》から来たジャン＝フランソワ・リオタールである。〔……〕リオタールは『アンチ・オイディプス』の刊行を熱狂的に賞賛する。〔……〕しかしながら、リオタールの『ポストモダンの条件』の刊行によって、断絶が訪れる。ドゥルーズはリオタールが根源的に相対主義的な立場を擁護することに耐えられなかった。ガタリはガタリで、いっさいのメタ物語の拒否を次のような言い方でからかう。「これはうねり（ヴァーグ）じゃなくて、流行（ヴォーグ）だね」。（『ドゥルーズとガタリ　交差的評伝』）

一般的には、ポストモダニズムと言えば、ドゥルーズの差異の哲学と親和的だと見なされている。ところが、ドゥルーズやガタリの受け取り方を考えると、むしろ「新哲学派」の流れで理解したほうがいいだろう。リオタールのポストモダン論は、「ソルジェニーツィン事件」以来続いてきた、マルクス主義・共産主義への批判、さらには革命的左翼思想への非難の一環として、理解されたわけである。

「六八年の思想」批判——「反人間主義」から「人間」の復活へ

七〇年代に始まった「ポスト構造主義」への批判は、リュック・フェリーとアラン・ルノーが一九八五年に出版した『68年の思想』において、ほぼ確定したように見える。フェリーは一九五一年生まれ、ルノーは一九四八年生まれという若き世代が、構造主義とポスト構造主義の指導的思想家たちを、「六八年の思想」として一刀両断に切り捨てたのである。これによって、フランスにおける知的世界の潮目が完全に変わったわけである。

フェリーとルノーの『68年の思想』は、いったい何を提示したのだろうか。基本的には、二つのテーマが問題となっている。一つは、「六八年五月」の出来事をどのように理解すべきかという問題である。もう一つは、「六八年の思想」と呼ばれる構造主義やポスト構造主義が何を主張したのかという問題である。一般には、「六八年の思想」は「六八年五月」を思想的に表現したものだ、と見なされている。ところが、彼らの調査によれば、この二つは整合的ではないのである。ハッキリ言えば、「六八年の思想は、六八年の出来事を、思想的に十分捉えていない」のだ。

議論の順序を逆にして、後のほうの問題から確認しておこう。フェリーとルノーによれば、構造主義とポスト構造主義の思想家たちは、「反‐人間主義」の思想という点で一致している。この「反‐人間主義」は、ドイツの思想家たち（マルクス、ニーチェ、フロイト、ハイデガー）の思想を焼き直したものである。

六八年の思想は純粋にフランス独自のものであるどころか、ドイツの哲学者たち、主にマルクス、ニーチェ、フロイト、ハイデガーから借りた主題、理論を、複雑さの度合いにちがいはあるが、さまざまな組み合わせを使って利用した結果の産物である。〔……〕ドイツ哲学で扱われた主題をフランス哲学は取り上げ直し、それを先鋭化することに意を用いた。このような先鋭化から、フランス哲学の特殊事情のうちに、その反‐人間主義が生まれたように思われる。

（『68年の思想』第一章）

フランスのどの思想家が、ドイツのどの思想家たちの焼き直しであるかは、ここでは細かく確認しないが、影響関係については思想家たち自身も語っていたので、それほど特異な論点ではない。フェリーとルノーが強調したのは、フランスの思想家たちが総じて「反‐人間主義」を標榜した、という点である。しかし、これにしても、単に思想家たちの議論を追認したにすぎないと言える。では、何が問題なのだろうか。

それは、「六八年五月」の出来事をどう理解するか、という最初のテーマにかかわっている。フェリーとルノーによれば、「六八年五月」は、「人間が社会のシステムによって管理されてしまうことへの批判」という意味をもっていた。そのため、彼らは、「六八年〈五月〉を個人主義の長い発展史のなかに組み込むことはおそらく実り豊かな方策である」とさえ語っている。「六八年五月」は、「〈システム〉に対立して〈自我〉を肯定する」ことを掲げていたのだ。つまり、「六八年五月」は、人間やその主体、個人といった側面を否定しているどころか、むしろ積極的に肯定していたわけである。

したがって、「六八年の思想」が「反‐人間主義」を唱えていたとすれば、「六八年五月の出来事」をまったく誤解していたことになるだろう。フェリーとルノーにとって、「六八年五月」は、まさに人間主義の観点から理解されなくてはならない。しかも、この「人間主義」は八〇年代になって主流の考えになってきたのである。次の箇所は、時代の変化をよく伝えているので、注意して読んでほしい。

> 六八年〈五月〉の出来事が、人間主義の再来と考えられがちであるのは、まんざら根拠がないわけではない。〔……〕いまや皆が気づいていることだが、いま、時代の精神は（つまり「八〇年代」の精神は）好んで「主観性」の効力を見直そうとしている。たとえば人権についての倫理にかんしてみられる意見一致《コンセンサス》、また左翼陣営においてすら観察される、個人あるいは社会が国家に対する自律を求めるしだいに強まりつつある傾向は、すべて一見したところ六八年の精神の対極にあるいくつかの価値の復権を証言しているように思われる。しかしよく考えてみれば、〈五月〉のライトモチーフのひとつは「制度《システム》」から人間を守ることではなかったろうか。
>
> （同前、「まえがき」）

この引用で確かなことは、「八〇年代の精神」がすでに「人間主義」「主体」「個人」へとシフトしている点である。「六八年の思想」は「反‐人間主義」を唱えたけれど、七〇年代の全体主義批判、「ヌーヴォー・フィロゾフ」からの派手な攻撃を受けて、八〇年代には時代の中心から追放されたわけである。

II　政治思想の再構築へ向けて

フーコー、ドゥルーズ、デリダの遺言

一九七〇年代から八〇年代にかけて、フランスで「共産主義」思想への批判が広がり、「六八年五月」の清算が図られていたころ、フーコーやドゥルーズやデリダはどうしていたのだろうか。それぞれ時期や方法の違いがあったとしても、彼らが独自の仕方でこの潮流を察知し、それに対抗する思想を形成していたのは間違いない。彼らにとって、「政治思想」がきわめて重要な課題となったのも、こうした反動的な状況と切り離して理解することはできないと思う。

まず、フーコーについて言えば、七一年に「監獄情報グループ（GIP）」に参加し、実

践的な活動に従事する一方、七五年には『監視と処罰』を出版して、社会分析のための新たな理論（「権力論」）を生み出した。また、「権力論」は翌年の『性の歴史Ⅰ　知への意志』になると、「性現象（セクシュアリテ）」にまで広げられただけでなく、人間の「生（生命）」をも包括して、「生（生命）政治」の構想が語られるようになった。フーコーによると、近代における人間の「生（生命）」は、権力によって管理される対象になったわけである。

> 生とそのメカニズムをあからさまな計算の領域に登場させ、〈知である権力〉を人間の生の変形の担い手に仕立てるものを表すためには、「生‐政治学《ビオ・ポリチック》」を語らねばなるまい。〔……〕近代の人間とは、己が政治の内部で、彼の生きて存在する生そのものが問題とされているような、そういう動物なのである。
>
> （『性の歴史Ⅰ　知への意志』第五章）

しかし、この「生‐政治学」の構想を語ったとはいえ、フーコー自身はそれを十分に展開する前に急死してしまった。そのため、この「生‐政治学」のアイデアをどういかしていくかは、それ以後の課題となったのである。

次に、ドゥルーズについて考えてみよう。彼が七二年にガタリとともに書いた『アンチ・オイディプス』は、「六八年五月」を思想的に表現したものと見なされ、「ヌーヴォー・フィロゾフ」の代表者レヴィによって「極左思想」と認定されていた。じっさい、『アンチ・オイディプス』は、欲望の原理にもとづいて、抑圧的な社会秩序を爆破しようとしている。この書がどこへ導くのかは、フーコーが書いた英語版の序文を見るとよく分かる。

この書物を読んでいると、ユーモアや戯れしかないのに、そこにはまさに何か本質的なこと、真面目きわまりないことが起きているのだといった思いに誘われないわけにはいかない。それこそまさに、ファシズムの全形態を駆逐し去るという営みのことだ――われわれの周囲を取り巻きわれわれを押し潰している巨大なものから始まって、不快このうえない圧制によってわれわれの日常生活を支配している些細《ささい》なものに至るまで、そのありとあらゆる形態をだ。

（『ミシェル・フーコー思考集成Ⅵ』）

このファシズムの問題は、『千のプラトー』（一九八〇年）においても問題になっているが、さらに言えば、晩年近くの「管理社会論」でも背景となっている。ところが、ドゥルーズはそれに対抗するいかなる運動が可能なのか、明示的に語っていないのである。したがって、「ファシズム」や「管理社会」にどうかかわるかは、後世に残された問題と言ってよいだろう。

さらに、デリダが八〇年代後半ごろから、政治的な発言を積極的に行なっているのは、すでに確認したところである。デリダは、世界的に共産主義・マルクス主義の死亡宣言が下されていた時期に、あえて「マルクスの遺産を受け継ぐ」ことを明らかにした。それと同時に、彼は「来たるべき民主主義」論を唱えるとともに、「歓待の倫理」という考えも提唱するにいたっている。こうした政治思想を展開するとき、デリダがグローバリゼーションによって発生する「移民問題」に直面していたのは明らかである。一九九六年に開催された「世界避難都市会議」に寄稿した文章（「万国の世界市民たち、もう一努力だ！」）において、デリダは次のように述べている。

さまざまな避難都市のわれわれの経験は、単にそれが待機なしにそうあるべきものに、すなわち緊急の応答、正義をもった、何れにせよ現行の法より正義である応答、犯罪への、暴力への、迫害への即座の応答にとどまることはありません。避難都市のこの経験、それを私は、法＝権利（droit）と、来るべきデモクラシーとの実験に場所（＝機縁〔lieu〕）を、思惟の場所（＝機縁）を与える――ここでもそれは庇護《ひご》ないし歓待です――ものとして想い描いています。（『世界』一九九六年一一月号）

ただし、デリダの場合、その政治思想を具体的にどう展開するかは、必ずしも明らかにはなっていない。「共産主義」にしても、「民主主義」にしても、「歓待」にしても、それらが重要な意義をもつのは理解できるとしても、そこからどんな実践が必要となるのかを考えると、途方に暮れてしまうだろう。それらを明確に規定するには、どうしたらいいのだろうか。これは、私たち自身がみずから考えるべき問題なのであろう。

こうして、「ポスト構造主義」以後の思想家たちの課題の一つが、明らかになったのではないだろうか。フーコー、ドゥルーズ、デリダ以後の思想家たちは、いかなる政治思想を展開するのだろうか。

「共産主義の理念」を掲げよ！

まず、「共産主義」の問題を考えてみよう。すでに確認したように、七〇年代以降は時代の潮流として、「反‐共産主義」が声高に叫ばれてきた。この状況で、現代のフランス思想は、何を語るのだろうか。

ここで注目したいのは、アラン・バディウの「共産主義」擁護の思想である。バディウといえば、一九三七年生まれなので、すでに高齢になっているが、現在でもエネルギッシュに活動している。サルトルに影響を受けた後に、アルチュセールに師事し、六八年五月のときは、「毛沢東主義者」として革命に参加した。その後、ドゥルーズと同じ大学で教鞭《きょうべん》をとり、彼から「ボルシェヴィキ」と揶揄《やゆ》されたこともあるらしい。ともかく、武勇伝には事欠かない思想家だ。

その彼が、二〇〇九年にロンドンで開催されたシンポジウムで、「共産主義の理念」というタイトルで基調講演を行なっている。このシンポジウムは、ジジェクやネグリをはじめ、現代を代表する左翼の思想家たちが参加しただけでなく、一〇〇〇名を超える多くの聴衆をも集め、まさに時代の変化を感じさせるものとなった。このシンポジウムで発表した原稿だけでなく、現状認識のための論文をも収録して、『共産主義の仮説』（二〇〇九年、邦訳『コミュニズムの仮説』）というタイトルで出版した。この本では、バディウの「共産主義」に対する考えが、きわめてストレートに述べられている。

そのなかで特に興味深いのは、現代の状況にかんするバディウの認識である。彼は次のように、現状を分析している。

二〇世紀の七〇年代中葉以降、「赤い時代」の後退が始まる。〔……〕この後退はまた、フランスにおいては「ヌーヴェル・フィロゾフィー〔新哲学〕」という奇妙な名前をもったもののうちに、その形態が見出《みいだ》される。〔……〕三〇年にもわたってわれわれを照らし、われわれの目を眩《くら》ませてきた「ヌーヴォー・フィロゾフ〔新哲学派〕」たちの仕事から、何が残ったのか。自由、人権、民主主義の、そして西洋世界とその諸価値の巨大なイデオロギー装置が瓦礫《がれき》と化したとき、その最後の残骸とはどんなものか。

（『共産主義の仮説』「人は何を敗北と呼ぶのか？」）

一九七〇年代から始まった「共産主義の時代」の後退は、フランスでは「ヌーヴォー・フィロゾフ」によって喧伝《けんでん》され、世界的には八〇年代から九〇年代にかけての社会主義諸国の崩壊によって進展してきた。他方では、消費社会や巨大化した金融資本によって、「グローバリゼーション」と呼ばれる新たな資本主義の流れが生み出され、西洋的な「自由民主主義」の勝利が宣言されてきた。ところが、この動向も、二〇〇〇年代に入ると大きく転換し始めたのだ。この時代の変化を実感しながら、バディウは「共産主義の理念」を高く掲げることを提唱するのだ。

しかし、現在において「共産主義」を要求するとすれば、どのようなものになるのだろうか。バディウは彼の主著『存在と出来事』（一九八八年）や『世界の論理』（二〇〇六年）への参照を求めながら、次のように説明している。

私は、ある特定の状況のなかに存在する、あるいはある特定の世界に現れるままの物体や言語の通常の配置内に生じる「断絶」を「出来事」と呼ぶ。重要なことは、ひとつの「出来事」とは、状況に内在する、あるいは世界の超越論的法則に依存する可能性の実現ではない、と指摘することである。ひとつの「出来事」とは新たな可能性の創造なのである。〔……〕ある状況やある世界に照らしてみるならば、ひとつの「出来事」は、その状況の構成や、その世界の合法性という厳密な視点からすれば、まさに不可能であるようなものの可能性を開くことなのである。

（同前、「共産主義の理念」）

この引用部分だけでは、バディウの「共産主義の理念」の具体的な内容は分からないかもしれないが、「不可能であるようなものの可能性を開くこと」、これが彼の基本的なスタンスであることは理解できるだろう。ロンドンでのシンポジウムの記録は、『コミュニズムの理念』として出版・邦訳されているが、そのなかで多くの思想家がバディウの「共産主義の理念」に言及しているので、バディウ思想の射程を考えるとき参考になるだろう。

「民主主義」は有効か

バディウが提唱した「共産主義の理念」にかんするシンポジウムには、ジャック・ランシエールもまた参加していた。彼は、そのなかで「共産主義なき共産主義者たち？」という意味深な発表を行ない、「共産主義の仮説は解放の仮説である」というバディウの発言に共鳴している。一九四〇年生まれのランシエールは、若いときにアルチュセールの『資本論を読む』（一九六五年）に論文を寄せて、その才能を見せていたが、その後アルチュセールと決別して独自の道を歩んできた。

ここでは、ランシエール思想の中心をなす「民主主義論」を取り上げることにしよう。注目しておきたいのは、ランシエールの「民主主義論」が、デリダの「来たるべき民主主義」

という概念への応答であることだ。その点は、デリダの追悼講演集『来たるべきデリダ』(二〇〇七年)に、ランシエールの講演「民主主義は何かを意味するのか」が収録されていることでも分かる。ランシエールは、デリダの「民主主義」論を現代の状況でどう展開するか模索している、と言ってよい。

ランシエールによると、現代の先進的な「民主主義」国家では、「民主主義に対する憎悪」が広がっている。たとえば、民主主義によって、個人が何でも権利を主張し、自分たちの野放図な欲望を正当化するようになった、としばしば言われている。これはフランスに限らず、日本でも同じ状況であろう。つまり、「民主主義の行き過ぎ」によって、大切な社会秩序が解体されていく、と非難されるのだ。こうした民主主義批判に対して、ランシエールは『民主主義への憎悪』(二〇〇五年)において、次のように書いている。

こうした告発を特異なものにしているのは何か、よく見ておかなければならない。確かに、民主主義への憎悪は目新しいものではない。それが民主主義と同じだけ古い理由は簡単である。民主主義という語そのものが、一つの憎悪の表現なのである。この語は当初、群衆《ミュルチチュード》による下劣な統治に、あらゆる正統な秩序の破壊を見てとった古代ギリシアの人々によって、侮蔑を表すために創り出された語だった。権力は出自によって定められた者あるいはその能力によって要請された者が当然握るべきだと考える人々すべてにとって、民主主義という語は唾棄《だき》すべきものだった。

（『民主主義への憎悪』「序」）

ランシエールによると、民主主義（デモクラティア）という語はもともと、統治する資格のない民衆（デモス）が権力を握ることだった。つまり、本来は統治する資格がないと見なされた民衆が統治すること（デモス・クラティア）――これが「民主主義」なのだ。したがって、「民主主義という言葉が意味するのは、まず無原理（アナーキー）な統治であり、あらゆる統治の資格の不在以外に何の根拠もない統治である」。この観点から、ランシエールは、「民主主義」が安定した政治体制を確立するわけではなく、むしろ闘争や「不和」を引き起こすことを明らかにする。

こうした観点から、ランシエールは、ハーバマスのコミュニケーション論にもとづく「民主主義」論を批判している。ハーバマスによれば、民主主義は、「理性的なコミュニケーション」によって「コンセンサス（合意）を形成する」ことだとされている。ところが、ランシエールは、「民主主義」をそうした合意形成とは考えず、むしろ統治から排除されて発言する資格のない人々に政治参加する機会を開こうとするのだ。そう考えると、彼の民主主義論は、共産主義論と結びつくことになるだろう。彼は、論文「共産主義なき共産主義者たち？」の最後近くで、次のように語っている。

次のような異論もあるでしょう。私が、民主主義を定義するに当たって自分で用いている表現とさほど変わらない語彙を使って共産主義を定義している、と。〔……〕解放の未来は、おそらく、平等の原則を実行する男女の自由な連合体《アソシエーション》によって創り出される共なるものの領域の自律的発展にのみ、その本質があるのです。この未来をわれわれは「民主主義」と呼ぶだけで満足すべきでしょうか？　この未来を「共産主義」と呼ぶことに意味があるでしょうか？
（「共産主義なき共産主義者たち？」）

とすれば、民主主義と共産主義の関係を、どう考えたらいいのだろうか。この問いに、ランシエールは具体的にどう答えるのだろうか。

「共同性」はいかに理解すべきか

二〇〇九年の「共産主義」をめぐるシンポジウムに直接には参加していないが、発表原稿（「共産主義、語」）を寄せているのが、ジャン＝リュック・ナンシーである。ナンシーはランシエールと同じ一九四〇年の生まれで、ドゥルーズやデリダの後に続く世代と見なされている。彼は一九八九年に、『主体の後に誰が来るのか？』という論集を編集しているが、これにはデリダやドゥルーズをはじめ、多くの現代思想家が論文を書いている。

この巻頭論文において、ナンシーはヘーゲルの「主体」概念とハイデガーの「実存」概念に依拠しながら、「主体の後」を構想している。ナンシーによれば、ヘーゲル的な「主体」は、「自己のうちに己の矛盾をとどめておくことのできるもの」であり、一般に「弁証法」と呼ばれる特質を備えている。たとえば、「自己の外にあること」が「自己固有のもの」であるという表現で語られる。また、ハイデガーによると、「実存する者」にかんしては、「何であるか」という問いは不適切であり、むしろ「誰であるか」という仕方で考えなくてはならない。

ここから、「主体の後に来る」のは、それ自体矛盾したあり方をする「実存」ということになる。ナンシーは、この「実存」を理解するために、ハイデガーが『存在と時間』において提示した「共存在」という概念に注目する。やや分かりにくい表現ではあるが、ナンシーは次のように説明している。

> 現前が、自己への現前であることなき現前への現前であるならば、それは現前がそのつど、共同において（en commun）在るからだ。現前への到来は複数であり、「そのつど」「私のもの」と同じ分だけ「われわれのもの」である。誰は共同においてある。共同体の本質なき、共同存在なきこの共同体は、……への現前としての実存の存在論的条件なのである。複数の到来は単数の［＝特異な］到来（venue singulière）である［……］主体なき共同体において、複数的なるものが単数的なるものを解放する（libérer）（あるいは分有する）、

単数的なるものが複数的なるものを分有する（あるいは解放する）。これこそ、われわれが思惟すべきことである。実際、誰が思惟するのか、共同体でなければ？

（『主体の後に誰が来るのか？』「提起」）

ここで表明されているのは、個人を前提したうえでそこから共同体を形成する、といった個人主義でもなければ、共同体が個人から離れ超越的に独立する、といった共同体主義でもない。『複数にして単数の存在』（一九九六年）によれば、「実存するものは、それが何であれ、実存するがゆえに共‐実存する。実存することの共‐含意とは、一つの世界の分《パルタージュ》有である。一つの世界とは実存に外在的な何ものでもなく、他の諸実存の外からの付加でもない。世界とは、それらの実存を一緒に配置する共‐実存である」。

こうした視点から、ナンシーは『コミュニズムの理念』に収められた論文では、「共産主義」という言葉の意味について疑問を提示している。「奇妙に映るだろうが、この語（共産主義）の歴史についての調査と註釈が、ある枠組みでは、そして何よりもまず共産主義者の伝統そのものでは、きわめて稀《まれ》である。あたかもこの語の意味と由来が自明と考えられてきたかのように」。それでは、ナンシーは、「共産主義」をどのようなものと考えるのだろうか。

共産主義は、したがって、政治に属さない。共産主義はある一つの絶対要件を政治に与える。すなわち、共の空間を共なるものそれ自体に開くという絶対要件であり、それを言い換えれば、私的なものや集団的なものや分離や全体性に対して開くのではない。またそのように、「共」なるものそれ自体の完成に権威を与えることもなければ、「共」なるものを実体化したり、それを主体とするような何らかの仕方においてでもなく、開くという絶対要件である。共産主義とは、政治の能動化と限定の原理である。（「共産主義、語」）

しかしながら、こうしたナンシーの言明を読んでも、具体的にどのような方針が出てくるのか、あまり分からない。この点は、最近ナンシーが「グローバリゼーション」を批判するときも変わらない。彼は、『脱閉域　キリスト教の脱構築1』（二〇〇五年）に収められた「一神教の脱構築」で、「西洋の世界化」すなわち「グローバリゼーション」の進展について言及している。ところが、「一神教」を「脱構築」するために、「グローバリゼーション」にどう対処するか、具体的に何も明らかにしていない。

ナンシーの着眼点は興味深いとはいえ、彼の特有な用語法のために、いったいどんな政治思想が構想されているのか、あまり見えてこない。その点では、やや不満が残る議論となっている。

Ⅲ　ポスト「ポスト構造主義」とメディア論の構想

「メディア論的転回」へ向けて

構造主義からポスト構造主義の展開において、出発点となったのは言語論であった。リチャード・ローティが「言語論的転回」を語ったとき、これは「分析哲学」の始まりを指していた。しかし、「構造主義」以後の展開も、それとは違った意味で「言語論的転回」と呼ぶことが可能ではないだろうか。この点は、フーコーやドゥルーズ、デリダの場合も変わらない。

ところが、一九八〇年代になると、情報通信技術の革命的な変化が世界的に進展し、人々の生活や社会に大きな影響を与え始めた。近代社会の始まりに、グーテンベルクの印刷術が演じた役割と同じように、デジタル通信技術によって新たな社会が出現し始めている。この衝撃的な変化を、思想家としてどう捉えるかは、避けて通ることができないだろう。そこで、今までのように、言語を中心にして思想を構築するのではなく、「メディア」や「遠隔通信」の理解によって、思想を新たに組み立て直す必要があるのではないだろうか。

こうして、「言語論からメディア論へ」という方向で、「ポスト構造主義以後の思想」を位置づけることができる。しかしながら、「メディア」や「テレ（遠隔）コミュニケーション」

という発想が、フーコーやドゥルーズやデリダになかったわけではない。むしろ、彼らは、そうした発想のパイオニアと言ったほうがいいかもしれない。彼らは、新たな時代への変化のきざしを察知して、それをいかに捉えるか、貴重なヒントを与えてくれるように思われる。
まず、フーコーの「権力論」を考えるとき、その基本的なモデルが、ベンサムによって考案された「パノプティコン（一望監視施設）」であることは、周知のことであろう。このモデルでは、監視は直接的な「見ること」にもとづき、記録はアナログ的な文書によって行なわれる。その点では、フーコーの考えに、新たなメディア論の思考を見出すのは困難だと思われる。ところが、マーク・ポスターは『情報様式論』（一九九〇年）において、フーコーの「パノプティコン」を、現代の情報環境のなかで捉え直し、新たな可能性を示している。

現在の「コミュニケーションの流通」やそれが作りだすデータベースは、一種の《超パノプティコン》を構築している。それは壁や窓や塔や看守のいない監視のシステムである。監視のテクノロジーの量的な変化は権力のミクロ政治学の質的な変化を生み出した。〔……〕社会保証カード、運転免許証、クレジット・カード、図書館カードのようなものを、個人は利用し、つねに用意し、使い続けなくてはならない。これらの取り引きは記録され、データベースにコード化され加えられる。〔……〕彼らは情報の源泉であると同時に、情報の記録者でもあるのだ。

（『情報様式論』第3章）

また、ドゥルーズの場合、彼の「管理社会論」が情報環境の新たな変化に対して、自覚的な形で理論を構築しているのは疑いようがない。ドゥルーズは、「昔の君主制社会」から「近代の規律型社会」を経て「現代の管理社会」にいたる歴史的な展開を、「機械のタイプ」の違いによって説明している。それによると、現代の「管理社会」はまさに、デジタル通信機器の時代である。

管理社会は第三の機械を駆使する。それは情報処理機器やコンピューターであり、その受動面での危険は混信、能動面での危険はハッキングとウイルスの侵入である。これは単なるテクノロジーの進歩ではない。さらに深いところで資本主義の変化がおこっているのだ。〔……〕現在の資本主義は〔……〕もはや生産をめざす資本主義ではなく、製品を、つまり販売や市場をめざす資本主義なのである。〔……〕いまやマーケティングが社会管理の道具となり、破廉恥な支配者層を産み出す。（『記号と事件』「追伸――管理社会について」）

さらに言えば、デリダが中期から後期にいたるさまざまな機会に、情報通信技術の新たな変化に対して注意を喚起しているのは、よく知られている。たとえば、彼が「テレ（遠隔）コミュニケーション」について語るとき、現代の情報通信技術を念頭に置いているのは明らかだろう。一九九九年の「シドニー・セミナー」において、デリダは『マルクスの亡霊たち』に関連づけながら、メディアの重要性を次のように語っている。

メディアの途方もないテクノロジー上の発展が、亡霊性の前代未聞の可能性と関係があること、そして遠隔通信テクノロジーがある種の亡霊性を産み出し、処理し、組織化し、そこから利益を得る方法であること、このことは疑いありません。テレビの構造やコンピューター化の構造は亡霊性とじつに深く関係しています。それは公共空間を根底から変容させました。つまり、国家内だけでなくグローバリゼーション、世界化(mondialisation)と呼ばれるものをとおして政治的な空間を変容させたのです。こうした点で、もちろんメディアの力は巨大であり、それゆえその責任はひじょうに重大です。メディアに依拠しないでいられるものは世界中のどこにもありませんし、そのような政治権力や経済力がないのも、確かです。これはまったく自明なことです。(『デリダ、脱構築を語る』)

このように、フーコー、ドゥルーズ、デリダの思想が、メディアや情報の新たな変化を察知し、それに何とか表現を与えようとしたことは間違いない。けれども、彼らはそれを全面的に主題化して、そこから思想を形成したわけではなかった。しかしながら、現在始まりつつある変化は、きわめて射程が大きく、思想そのものを根底から作り直す必要があるように見える。そして、この課題に取り組み始めたのが、次の世代の思想家たちである。それをここでは、「メディア論的転回」と呼ぶことにしたい。構造主義が「言語論的転回」から始まったとするならば、「ポスト構造主義以後」の思想は「メディア論的転回」から始まる、と言えるのではないだろうか。

メディオロジーの構想

ポスト構造主義以後の「メディア論的転回」として、まず最初に取り上げるべきはレジス・ドブレの「メディオロジー」の構想であろう。一九四〇年生まれのドブレは、六〇年代にはキューバを訪問したり、ボリビアでゲバラの戦闘に参加したりで、すでに「メディオロジー」以前から名を馳《は》せていた。もともとは、「エコール・ノルマル（高等師範学校）」で、アルチュセールの指導を受け、哲学を研究していた俊英である。

一九七三年にフランスへ帰国した後、八〇年ごろに「メディオロジー」という新たな学問を構想するようになった。ドブレによると、「一九七九年に『フランスの知的権力』の最初の行で私が〝メディオロジー〟と呼んだ、特殊な概念装置が導かれた」わけである。ドブレがこの概念装置を着想したのは、従来の言語学や記号学に対して、不満があったからである。『メディオロジー宣言』（一九九四年）のなかで、ドブレは「メディオロジー」を次のように規定している。

	文　字 (言語圏)	印刷術 (文字圏)	オーディオビジュアル (映像圏)
集団の理想	一　つ	全　体	各　人
標準となる世代	年長者	成　人	若　者
誘惑のパラダイム	ミトス	ロゴス	イマーゴ
知的階級	教　会	知識人	メディア
個人の地位	臣　民	市　民	消費者
同一化の神話	聖　者	英　雄	スター
権威の源	神がいった	書物で読んだ	テレビで見た

メディア圏の歴史的変化

私はつまり、高度な社会的機能を伝達作用の技術的構造とのかかわりにおいて扱う学問を「メディオロジー」と呼んでいるのだ。人間集団(宗教、イデオロギー、文学、芸術など)の象徴活動と、その組織形態、そして痕跡を捉え、保管し、流通させるその様態の間に、できるならば検証可能な相関関係をケース・バイ・ケースで論証すること、それを私は「メディオロジー的方法」と呼んでいる。

(『メディオロジー宣言』第一章)

このように、ドブレは、今まで言語学・記号論が無視してきた「伝達作用」、「媒介作用」に着目して、そこから「メディオロジー」を構想したわけである。というのも、「媒介作用こそがメッセージの性質を決定づけ、関係が存在よりも優位に立つ」からである。注目したいのは、「メディオロジー」を構想するとき、ドブレが「メディア圏」という概念を提唱していることだ。しかし、「メディア圏」とは、いったいどのようなものだろうか。彼の具体的な例示を見るとよく分かるので、「メディア圏」の歴史的な変化をいくつか拾っておこう。ドブレは三つの歴史的区分のもとで、それぞれの「メディア圏」の特徴を示している。

この一覧表を見ても分かるように、ドブレが「メディオロジー」を構想したのは、現代において情報通信技術の急激な変化があったからだ。テレビやラジオ、そして現代のインターネットなどの情報技術の変化などによって「映像圏」が成立し、たしかに従来の印刷術にもとづく「文字圏」とは違った状況が引き起こされている。ドブレの「メディオロジー」をどう評価するかは別にして、現代において新たな情報環境が生み出されていることは間違いない。

メディオロジーからメタメディオロジーへ

ドブレの「メディオロジー」のアイデアを継承しながら、さらに独自のメディアの哲学を構想しているのが、ベルナール・スティグレールである。スティグレールは一九五二年生まれであり、ドゥルーズやデリダに続く新世代の思想家として、現在最も注目すべき理論を展開している。じっさい彼は、フーコーやドゥルーズやデリダの思想を継承しているだけでなく、新たな視点から問題を提起している。その問題こそが、メディオロジーに深くかかわっている。そこで、スティグレールの理論を見る前に、あらかじめ「メディオロジー」とのかかかわりを確認しておこう。
一九九五年に発表した論文「レジス・ドブレの信」(『現代思想』一九九六年四月号)のなかで、スティグレールは「メディオロジー」の意義を認めつつも、その問題点を指摘している。まず、その意義について、スティグレールは次のように述べている。

一九八一年の国家への回帰は、彼〔ドブレ〕が好んでメディオロジー的な転回と呼ぶものでもあった。これは、彼の転回でもあると同時に、まだ始まったばかりの、時代の転回でもある。「六〇年代の記号学的な転回」に続く精神のこの新たな潮流は、技術に尊厳を回復させてやるばかりでなく、直接的にであれ間接的にであれ、技術を思考の対象とし、すべての思考の支持媒体(support)たらしめるものである。これこそ新たな哲学、未来の思考である。
(「レジス・ドブレの信」)

スティグレールは、このように「メディオロジー」を位置づけ、その潮流を継承しようとしている。今まで、言語や記号が問題になる場合、メッセージや意味に焦点が当てられ、それが伝達されるメディア(媒体)は注目されてこなかった。しかし、思想であれ、宗教的な教義であれ、それを伝える媒介作用がなくては不可能である。「こうした支持媒体なしでは、思考は、空気というエレメント(元素)を失って飛ぶことのできない鳩のごときものになってしまうだろう」。

ドブレによると、「おそらく支持媒体とは、もっとも目に付かないが、もっとも重要なものだ」。この点については、スティグレールも同意している。しかし問題は、この発想のうちに、大きな危険が潜んでいることだ。スティグレールは、それについて、次のように語っている。

私は、ドブレの豊かであるとともにラディカルな、オリジナルな思考を称賛するとともに、失敗なしではありえない先端的な思考が陥りがちな危険を見ざるをえない。実証主義という危険を。（同前）

では、その危険とは具体的に何だろうか。「メディオロジー」の考えをきわめて単純化して言えば、人間の「信」（思考では「信念」、宗教では「信仰」、集団では「信頼」など）が、メディア（媒介装置）によって決定される、ということにある。しかしながら、そうしたメディアに決定された「信」以外に、人間の「信」は存在しえないのだろうか。また、人間の「信」がメディアを支えることはないのだろうか。そうでないならば、「メディオロジー」は、単なる技術決定論になってしまうのではないだろうか。

そもそも、「メディオロジー」そのものは、いかなる支持媒体によって決定されているのだろうか。こうなると、「メディオロジー」の成立根拠がどこにあるのか、あらためて問われなくてはならないだろう。「メディオロジーそのもののメディオロジー的な条件を問題にする」必要があるのだ。つまり、「メディオロジー」は、「メタメディオロジー」の可能性を、つねに「開いたまま維持することによって、動揺を経験し、たえずその動揺のそばに身を置きながら、それを究極的に断ち切ることができない」わけである。

スティグレールの技術・メディアの思想

では、「メディオロジー」を超えて、スティグレールはいかなる思想を構想しているのだろうか。まず確認しておきたいのは、スティグレールがフーコーやドゥルーズ、デリダの思想を自覚的に継承し、それを新たな視点で展開しようとしていることだ。もともとデリダに博士論文の指導を受けただけでなく、彼との共著（『テレビのエコーグラフィー』一九九六年）も出版している。また、二巻からなる『象徴の貧困』は、「ジル・ドゥルーズの「コントロール（管理）社会に関する追伸」への論評」とされている。たとえば、その第一巻の日本語版への序文で、次のように語っている。

ジル・ドゥルーズが語っていた「コントロール〔管理〕社会」において、意識の時間と身体の行動は、感覚や認知に関わるテクノロジー（まずテレビ、そして現在ではさまざまなコミュニケーション機器）を使い続けることで、そのコントロールにまさに自発的に隷属し、依存するようになり、その結果心身は徐々に蝕《むしば》まれていきます。こうした状況で個はみずからを失う、つまりフーコーの言う「自己への配慮 souci de soi」を失うのです。

このような自己の喪失、個体化の衰退は、子供や若者において特に顕著で、今や悲惨なまでの状態になっています。（『象徴の貧困』「日本の読者への序文」）

ドゥルーズの「コントロール〔管理〕社会」についての文章はきわめて短く、わずかにアイデアのみ語ったにすぎなかった。このドゥルーズの着想をどう具体的に展開するか、後の世代の課題になっていたのだ。スティグレールはこの課題に取り組み、「技術とメディア」の分析によって、現代的な状況を詳細に暴き出そうとしている。それを彼は、「象徴の貧困」と名づけ、次のように説明する。

象徴の貧困という言葉で私が意味するのは、シンボル（象徴）の生産に参加できなくなったことに由来する個体化の衰退ということである。ここでのシンボルとは知的な生の成果（概念、思想、定理、知識）と感覚的な生の成果（芸術、熟練、風俗）の双方を指す。そして個体化の衰退が広まった現状は、象徴的なものの瓦解、すなわち欲望の瓦解を引き起こすにちがいなく、言い換えればそれは、厳密な意味での社会的なものの崩壊、つまり全面的な戦争状態へと至るのである。

（同前、第1章）

こうしたスティグレールの議論は、ある意味で、アドルノやホルクハイマーが『啓蒙の弁証法』の「文化産業論」で展開したものを、現代の状況において新たに捉え直したものだと言える。しかし、そのときスティグレールには、彼らとは違った視野が開かれていたのである。『偶有《アクシデント》からの哲学』（二〇〇四年）のなかで、スティグレールは自分の構想について、次のように語っている。

私の関心は、技術問題の基礎付けを完全にやり直すことにあります。哲学の問題は技術の問題であると私は見なす、その限りで完全に、です。〔……〕技術は私にとって局所的な対象ではなく、文字通り哲学的対象なのです。私は技術の問題を哲学の問題として提起するのであり、その点から見れば私は一種の超哲学に身を置く者です。私が試みているのは哲学の問題を全面的に練り直すこと、したがって哲学的思索全体を成り立たせている諸概念を細大漏らさずたどり直すことですが、それは常に技術の問題――あらゆる問題の忘れられた起源としての、また私が起源の欠如／根源的欠陥と呼ぶものに関する問題としての――を基盤に据えた上でのことです。

（『偶有《アクシデント》からの哲学』）

ここで「起源の欠如／根源的欠陥」というのは、「人間が起源において欠損的であるので、自分の外部に人工補整器具的な性質を必要とする」ということだ。その意味で、「技術」は人間にとってその本質を形成するものと言わなくてはならない。こうした観点は、人類学者のアンドレ・ルロワ＝グーラン（『身ぶりと言葉』）から学んだものであるけれど、スティグレールはそれを記憶の問題と結びつけ、さらには「技術と時間」の問題として根本から理解しようとしている。その本格的な展開は、全五巻として構想された『技術と時間』（現在は三巻まで刊行）を検証しなくてはならない。

この思想から、何が明らかになるのだろうか。スティグレールの思想のうちに、「ポスト構造主義以後」の新たな可能性が開かれるかもしれない。

エピローグ　〈フランス現代思想〉は終わったのか

〈フランス現代思想〉の時代

　思想史を眺めてみると、ときおり偉大な思想家たちが集中して登場する時期がある。たとえば、一八世紀末のドイツで、カント、フィヒテ、シェリング、ヘーゲルなど、いわゆる「ドイツ観念論」の時期がそうである。こうした時期には、影響を与えたり、受け取ったりしながら、活発な議論が展開されていく。それはまさに、「思想の時代」と呼ぶにふさわしい。しかしながら、こうした幸運な時代に遭遇する機会は、めったにやってこない。

　レヴィ＝ストロースの構造主義から始まり、ドゥルーズやデリダのポスト構造主義へといたる時期は、間違いなく「思想の時代」と言ってよいだろう。指導的な思想家たちが次々と登場し、影響を与えたり、受け取ったりしながら熱狂的なシーンを形づくっていった。ジャーナリズムの働きもあって、知識人だけでなく、一般の人々をも巻き込みながら、巨大な「うねり（ヴァーグ）」が生み出されたわけである。この潮流を何と呼べばいいのだろうか。

ドゥルーズのように「構造主義の時代」だろうか。たしかに、「構造主義」に対する批判にしても、「構造主義」ぬきに語ることは不可能である。あるいは、フランクのように、「ポスト構造主義」を「ネオ構造主義」と見なすこともできるのだから、広義の意味で「構造主義」と呼んでもよさそうだ。けれども、フーコーやドゥルーズ、デリダの後期の思想は、「構造主義」からずいぶん遠い地点にまで到達している。そのため、彼らの思想を、「構造主義」のもとに包括するのは、難しいのではないだろうか。

そこで、キュセにしたがって、「フレンチ・セオリー」と語りたくなるかもしれない。アメリカで、概念規定が曖昧なままで、構造主義やポスト構造主義がひとまとめに「フレンチ・セオリー」と見なされたように、構造主義からポスト構造主義への展開を、「フレンチ・セオリー」と呼ぶこともできる。しかし、「フレンチ・セオリー」という場合、「アメリカにおけるフランス現代思想」を意味し、あくまでもアメリカでの受容がポイントになる。では、どうすればいいのだろうか。

ここでは、「フランス現代思想」を普通名詞としてではなく、固有名詞として使うことを提唱したい。その際は、〈フランス現代思想〉と表記することにする。普通名詞として使う場合には、「フランスの」、「現代の」、「思想」として、いつでもそのつどの現在の思想を、「現代思想」と呼ぶことができる。ところが、固有名詞としての〈フランス現代思想〉は、意味が違っている。「フランスの現代の思想」がすべて、〈フランス現代思想〉というわけではない。その理由は何だろうか。

〈フランス現代思想〉というのは、構造主義から始まって、ポスト構造主義へといたり、さらにはそれ以後の展開も含めている。そのとき共通の指標となるのは、「近代を問い直し、それとは別の可能性を構想する思想」であることだ。〈現代思想〉であるのは、「近代批判の思想」であることに存している。〈フランス現代思想〉家たちは、それぞれの研究領域にしたがって多様な議論を展開するが、「近代批判の思想」である点で一致している。

〈フランス現代思想〉が「近代批判の思想」であるため、もしかしたら「ポストモダニズム」と結びつける人がいるかもしれない。じっさい、アメリカや日本では、〈フランス現代思想〉といえば、「ポストモダニズム」と等置されることが多い。だが、リオタールによって定式化された「ポストモダン」と、〈フランス現代思想〉の「近代批判」は別の形で理解しなくてはならない。ドゥルーズやデリダが、自分を「ポストモダニスト」と見なさなかったことは、すでに確認したところである。〈フランス現代思想〉の「近代批判」は、「ポストモダニズム」のような「流行（ヴォーグ）」ではなく、むしろ思想を展開するための根拠となっている。

このような意味で、二〇世紀後半を「〈フランス現代思想〉の時代」と名づけることができるだろう。フランスで始まり、ついでアメリカに飛び火し、それから世界のさまざまな地域に、〈フランス現代思想〉が広まっていった。その「近代批判」は、ときには「ポストモダニズム」とも重ねられながら、世界的な思想へと拡大したのである。

思想のメガネ

〈フランス現代思想〉が熱狂的なブームを生み出したのは、どこに理由があるのだろうか。それを考えるとき、確認しておきたいのは、ドゥルーズ＝ガタリが晩年近くに刊行した『哲学とは何か』（一九九一年）である。この書物は、今までの彼らの著作とは違って、若々しいエネルギーではなく、円熟した洞察を提示している。じっさい、冒頭で彼らは、「『哲学とは何か』という問を立てることができるのは、ひとが老年を迎え、具体的に語るときが到来する晩年をおいて、おそらくほかにあるまい」と述べている。

今、この書物に注目するのは、ドゥルーズ＝ガタリの「哲学」観が、まさしく〈フランス現代思想〉そのものに当てはまるからだ。ドゥルーズ＝ガタリは「哲学」について、次のように規定している。

哲学者は概念の友である、哲学者は力＝潜勢態《ピュイサンス》において概念をそなえている。ということは、哲学は概念を形成したり、考案したり、製作したりする技術にとどまらないということだ。なぜなら、概念は必ずしも、形《フォルム》や、思いつきや、製品ではないからである。より厳密に言うならば、哲学は、概念を創造することを本領とする学問分野である。〔……〕

つねに新たな概念を創造すること、それこそが哲学の目的なのである。

(『哲学とは何か』「序論」)

ここでドゥルーズ＝ガタリが「概念」と語っているのは「コンセプト」であるが、この言葉は最近では商品や製品を開発するときにも、しばしば使われている。たとえば、「この製品のコンセプトは何か？」という仕方で。また、新商品を売り出すときには、CMにおいてその「コンセプト」を強調するのが流儀になっている。その点でいえば、「コンセプト」は「哲学」に固有のものとは言えない。では、「概念(コンセプト)」が「哲学」にとって「目的」となるのは、どうしてだろうか。

ドゥルーズ＝ガタリによると、「哲学」の仕事は、まさに「概念を創造する」ことにある。つまり、「新たな概念」をつねに「創造する」ことが、「哲学」なのである。たとえば、デカルトの「コギト(われ思う)」、カントの「批判」、ヘーゲルの「精神」などは、そうした「新たな概念(コンセプト)の創造」と呼ぶことができるだろう。しかし、「新たな概念を創造する」とは、いったい何を意味するのだろうか。

ドゥルーズ＝ガタリが「概念(コンセプト)」と呼んだものを、ここでは「思想のメガネ」と言いかえることにしたい。というのも、新たに創造された「概念」によって思考すれば、今までとはまったく違った思考が可能になるからだ。それは、あたかも「メガネ」をつけることによって、世界の見え方が変わることに似ている。思想家たちは、「思想のメガネ」を創造し、「これをつけて世界を見てごらん、今までとは違った風景が広がるよ！」と語っている。〈フランス現代思想〉は、今までにはなかった「新しい発想（コンセプト）のメガネを作り出した」わけである。それぞれの思想家たちが、それぞれ独特の「思想のメガネ」を創造し、それをつけて世界を見るように提唱したのだ。

ドゥルーズ＝ガタリが「概念」と呼ぶものを「思想のメガネ」と言いかえるのは、ほかにも理由がある。一つは相性であり、もう一つはスタイルである。メガネは誰にでも適合するわけではなく、メガネをつける人との相性が必要だ。また、メガネをつけたときのスタイルも重要になる。たとえば、「メタルフレームのメガネ」と「黒ぶちのセルフレーム」では、どちらが自分に似合うだろうか。それと同じように、「どの思想のメガネ」が自分にとって相性がよく、また自分の生き方のスタイルに合っているのか。同じ「欲望」について語っても、フーコーやドゥルーズやデリダでは、まったく違った世界が広がってくる。どの「思想のメガネ」を選ぶかは、自分次第ではないだろうか。相性と、生き方と、スタイルを考えて、それぞれ自分に合った「思想のメガネ」を選ぶことになるだろう。

〈フランス現代思想〉のエクリチュール

〈フランス現代思想〉に触れるとき、避けて通れないのがその書き方であろう。バルトの言葉を使えば、〈フランス現代思想〉には、それ特有の「エクリチュール」がある、と言ってよい。ソーカルとブリクモンは、『「知」の欺瞞《ぎまん》』において、フランスの現代思想家たちが、「数学や科学」の概念を比喩的に濫用《らんよう》して、曖昧模糊としたナンセンスな文章を書いている、と告発した。

しかし、じつを言えば、比喩が多くて曖昧に見える文章は、必ずしも科学や数学にかかわるだけではない。それぞれ程度の差はあっても、〈フランス現代思想〉は概してそうした傾向がある。おそらく、〈フランス現代思想〉の魅力も、またそれへの反発も、この「エクリチュール」にあると言ってもよい。〈フランス現代思想〉の読者の多くは、その「エクリチュール」のために、途中で挫折したことがあるのではないだろうか。この状況を、いったいどう理解したらいいのだろうか。

〈フランス現代思想〉のエクリチュールを考えるとき、メルキオールの次のような指摘が参考になるかもしれない。彼は『フーコー　全体像と批判』(一九八五年)のなかで、フランスの現代哲学のスタイルについて、次のように述べている。少し長くなるが、「〈フランス現代思想〉はどうして読みにくいのか」という疑問に、一つのヒントを与えてくれるだろう。

フランスでおこなわれている現代哲学は、長きにわたって、通常アングロ・サクソンの世界で標準的だとみなされる哲学の営みとはまったく異なっていた。〔……〕英語圏の哲学は、一般に、スタイルにおいてアカデミックであり、同時に方法において分析的である。〔……〕フランスでもっとも高い名声を得た哲学的行為は非常に異なった道をたどったのである。〔……〕二〇世紀のフランス哲学がみな、「文芸哲学」とでも呼びたくなるようなそうした魅惑的だがルーズな作業から生じたと言ったら、ひどく不公平になるだろう。それにもかかわらず、フランス以外の現代の哲学的文化のうちには、〔……〕その種の思想家は見いだされないのである。そのうえ、フランス文芸哲学は、さまざまな分野が混じりあったひとつのジャンルをなしていた。〔……〕実存主義が消耗した後〔……〕、文芸哲学は、一時期、内部から生じてくる懐疑を経験したのである。〔……〕フランス哲学は、いわばひとつの選択を迫られることになった。すなわち、（おもにフッサールやハイデガーから借りたドイツ的主題の専有はすでに実存主義が成就していたので）アングロ・サクソン流の分析的な方向へ転じるか、それとも自分自身の生き残りのための新たな戦略を案出するか、という選択を迫られたのだ。そうした状況のなかで、きわめて聡明な若い哲学者たちは、後者の選択肢を選んだ。かれらは、哲学のさらなる厳密化を計らずに、むしろ「人間諸科学」（たとえば、言語学、構造人類学、アナール派の歴史研究、フロイト心理学）ならびに前衛的な芸術や文学の高まりつつある威信に、哲学の糧《かて》を求めることにした。こうして文芸哲学は、他のさまざまな知的領域から借用した新しい内容を併合することによって、首尾よく生命力を回復することができたのである。

（『フーコー　全体像と批判』第1章）

この記述から分かるのは、〈フランス現代思想〉のエクリチュールが生き残りのために選択された戦略だ、ということである。メルキオールによると、哲学の「文学的なスタイル」はベルクソンから始まり、サルトルによって一層進められた。しかし、そのサルトルにしても、哲学的な論考では、「はるかに堅実な面をもっていた」。ところが、サルトル以後の〈フランス現代思想〉の面々は、哲学的な論考のなかに「前衛的な芸術や文学」のスタイルを導入したのである。

そのため、英語圏の哲学（アカデミックで分析的）やドイツ語圏の哲学（分析的ではないがアカデミック）から見ると、〈フランス現代思想〉はまるで現代美術や現代詩のように、謎解きをしなくてはならないわけである。この度合いが高じてくると、ほとんど意味不明の文章になるが、基本的にはスタイルの問題と割り切るほうがいい。ある意味では、このエクリチュールだからこそ、一般の人々をも巻き込んで思想の流行を形づくったとも言えるからだ。もし、〈フランス現代思想〉が、アカデミックなスタイルで書かれていたら、これほどの人々に注目され、熱狂的に受け入れられただろうか。

言語論的転回からメディア論的転回へ

最後に、「〈フランス現代思想〉は終わったのか」という問いを考えることにしたい。一九五〇年代から始まり、六〇年代になって爆発的に流行した〈フランス現代思想〉が、そのピークを過ぎているのは確かであろう。また、二一世紀になって、デリダやレヴィ＝ストロースも亡くなり、流行を作った思想家もほとんどいなくなった。その点では、〈フランス現代思想〉の時代は終わりを迎えた、と言えそうである。

しかし、結論を急ぐ前に、〈フランス現代思想〉の歴史的意義を、あらためて確認することにしよう。ここで注目しておきたいのは、レジス・ドブレとともに、「メディオロジー」を提唱している、ダニエル・ブーニューの次のような図式である。

メディオロジー的転回――これは、記号論的‐言語論的転回、さらにそれを修正した語用論的転回に続くものと言えます――は、このふたつの転回のあいだで、発話行為の因子と意味をなすこととの条件を結びつけ、補完する役割を果たします。

（『コミュニケーション学講義』第5章）

ブーニューによれば、記号論的‐言語論的転回の後に、語用論的転回が続き、さらに現在はメディオロジー的転回が起こっている。個々の細かな点は別にして、ポイントとなるのは、〈フランス現代思想〉の始まりが「記号論的‐言語論的転回」であったことである。この転回が、現在では、「メディオロジー的転回」へと移行している、というわけである。たとえば、ブーニューは『コミュニケーション学講義』(一九九八年)のなかで、〈フランス現代思想〉の始まりを、次のように説明している。

言語を初めて構造として分析したのは、フェルディナン・ド・ソシュールです(一九一〇年頃)。この分析が五〇年代になって、言語をモデルにした文化の構造的研究を促しました。その基本的なアイデアは、料理、モード、親族関係から、言語に見出《みいだ》されるような二項対立的な記号を抽出することです。人間は、文化のそれぞれの領域で、言語活動のようなコードに従って記号を交換しているのです。(同前、第3章)

もし、〈フランス現代思想〉を、こうした「記号論的 - 言語論的転回」としてだけ捉えるとすれば、すでに終わっていると言わなくてはならない。しかし、〈フランス現代思想〉が、ブーニューによって示された三段階全体を含むとすれば、現在でも継続中なのであり、まさに新たな段階を迎えているのだ。現在の段階を「メディオロジー的転回」と呼ぶかどうかは別にして、今まで注目されず、ほとんど忘却されてきた言語や記号の技術的基盤、コミュニケーションの媒体自体について、大きな関心が集まっている。

しかも、こうした関心は、フランスだけには限らない。たとえば、ドイツでは、かつて(七〇年代から八〇年代)ハーバマスの「コミュニケーション行為論」が話題の中心であったが、最近では技術やメディアのほうへと議論が移っている。つまり、「コミュニケーション論的転回（語用論的転回）から技術論的・メディア論的転回へ」パラダイム・シフトしているのである。ドイツでの担い手は、フリードリヒ・キットラーやノルベルト・ボルツ、ジュビレ・クレーマーなどである。

このような転回と軌を一にして、フランスでも「技術論的・メディア論的転回」が始まっている。この新たな転回は、かつての「記号論的‐言語論的転回」を継承して起こってきたのであるから、〈フランス現代思想〉の新段階と考えても不思議ではないだろう。そうであれば、〈フランス現代思想〉は終わりに達したわけではなく、むしろ今後の新たな展開を期待できるのである。

おわりに

日本で「フランス現代思想」が流行し、「ポストモダンの軽やかな知性」が話題になっていた一九八〇年代の半ば、私はヘーゲル哲学を研究していて、重箱の隅をつつくような先行研究を追いかけていた。高校生の時にサルトルを読んで哲学を学びたいと思った経緯もあり、フランス思想にはたえず興味があった。それでも、ヘーゲル論理学を卒業論文のテーマにしてからは、ほとんどヘーゲル漬けだったと言える。細々《こまごま》としたヘーゲル関連の論文を読みながら、「フランス現代思想」のオシャレに見える議論は憧れのようなものだった。

「フランス現代思想」を本格的に学ぶようになったのは、その後、非常勤講師をするようになって、たまたま学生から『アンチ・オイディプス』の講義をしてほしい、と依頼されたからだ。そのころ、翻訳も出版されていたので、気軽に約束したのはいいが、いざ読んでみるとさっぱり読めなかった。ヘーゲルを読んでいたので、難解な本には慣れていたつもりだったが、『アンチ・オイディプス』の難しさは、まったく異質だったのだ。しかし、約束した手前、「分からないので講義しない」とも言えず、もう一度読み直すと同時に、そこで議論されている本（たとえば、シュレーバー症例、フロイトの分析など）を併読することにした。そうしたら、ドゥルーズ＝ガタリの主張が少しずつ理解できるようになってきた。

それから、非常勤先の大学では、フーコーやデリダなども取り扱い、「フランス現代思想」の講義を毎年するように決めた。その他二つ講義を担当していたので、一つは「ドイツ現代思想」、もう一つは「英米系の現代思想」というように、ノルマとして三つの潮流を同時に講義することに決めた。若気の至りとはいえ、かなり無謀な計画だったが、何とかノルマはこなしていった。おそらく、このころ講義のために準備したことが、現在の基礎になっているように思う。その意味では、あまり進歩がないのかもしれない。じっさい、『アンチ・オイディプス』の理解はそのときに確立したもので、それからほとんど変化していない。

このように、私は「フランス現代思想」にアプローチするとき、いつもドイツや英米系の思想と一緒に考えることにしている。そのため、たとえばハーバマスによるポスト構造主義批判（『近代の哲学的ディスクルス』）や、ローティの「アイロニズム論」（『偶然性・アイロニー・連帯』）を横目に見ながら、フーコーやデリダの議論を読んだりする。そうすることによって、「フランス現代思想中心主義」から解放されるように思われるのだ。もし本書に、今までの「フランス現代思想」モノと違いがあるとすれば、このような多面的な視点によるだろう。本書では、ドイツや英米圏の思想と対比することはしなかったが、私の志向として底流をなしていると思う。

本書を執筆する前は、二〇〇四年のデリダの死によって「フランス現代思想」は終わったのではないか、と感じていた。九〇年代以降、日本でもフランス現代思想が話題になることは少なくなったし、たとえ話題になったとしても、ドゥルーズやデリダまでであって、それ以後はあまり見えてこなかった。ところが、じっさいに執筆し始め、いろいろ調べてみると、他の可能性が現れてきたのである。フーコーにしても、ドゥルーズにしても、デリダにしても、自分の議論を完成した上で亡くなったわけではない。彼らは、後の世代に、多くの課題を残（託）して立ち去っていったのだ。とすれば、その課題をどう引き継いでいくかは、今後の可能性と言えるだろう。そして、じっさい、それを自覚的に遂行している思想家も少なくない。そこから、フランス現代思想の新たな可能性が開かれてくるのではないだろうか。

今回、『フランス現代思想史』を書くことになったのは、二〇一三年に中公新書の編集者太田和徳氏より話を頂いたためである。二〇〇五年に『ポストモダンの思想的根拠――9・11と管理社会』（ナカニシヤ出版）を刊行し、そのなかでドゥルーズやフーコーやデリダの議論を使って現代の管理社会論を提示したが、まさか『フランス現代思想史』を書くことになるとは思ってもいなかった。しかし、『アンチ・オイディプス』講義の件以来、無謀なことでもやってみよう、という悪弊（？）が身についてしまった。その結果については、読者に判断していただくほかはないが、個人的には新しい発見の連続で、楽しい作業だったように思う。

このような機会を与えていただいた中公新書、そして編集部の太田氏に心より感謝したい。

二〇一四年九月一一日

岡本裕一朗

ポスト構造主義以後の政治思想としては，次の三つの書物を挙げておきたい．最初の論集では，現代の多くの思想家たちが発言している．後の二つは，ランシエールとナンシーの著作だ．


コスタス・ドゥズィーナス／スラヴォイ・ジジェク編『共産主義の理念』長原豊監訳，沖公祐・比嘉徹徳・松本潤一郎訳，水声社，2012年．

ジャック・ランシエール『民主主義への憎悪』松葉祥一訳，インスクリプト，2008年．

ジャン＝リュック・ナンシー『複数にして単数の存在』加藤恵介訳，松籟社，2005年．


ポスト構造主義以後に主流となるのは，おそらく技術・メディア論であろう．その基本的なテクストを紹介しておく．


ダニエル・ブーニュー『コミュニケーション学講義』水島久光監訳，西兼志訳，書籍工房早山，2010年．

レジス・ドブレ『メディオロジー宣言』西垣通監修，嶋崎正樹訳，NTT出版，1999年．

ベルナール・スティグレール『偶有《アクシデント》からの哲学』浅井幸夫訳，新評論，2009年．

ベルナール・スティグレール『象徴の貧困』ガブリエル・メランベルジェ＋メランベルジェ眞紀訳，新評論，2006年．

ジャック・デリダ『根源の彼方に　グラマトロジーについて』(新装版) 上・下, 足立和浩訳, 現代思潮新社, 1990 年.
ジャック・デリダ『法の力』(新装版) 堅田研一訳, 法政大学出版局, 2011 年.

デリダとマルクスとの関係については次の二つの本が必読である.

ジャック・デリダ『マルクスの亡霊たち』増田一夫訳, 藤原書店, 2007 年.
ジャック・デリダ『マルクスの息子たち』國分功一郎訳, 岩波書店, 2004 年.

ポスト構造主義以後〔本書・第6章〕

構造主義やポスト構造主義への批判は, 次の二つの著作が参考になる. 前者は「ヌーヴォー・フィロゾフ (新哲学派)」, 後者は「68 年」論だ.

ベルナール＝アンリ・レヴィ『人間の顔をした野蛮』西永良成訳, 早川書房, 1978 年.
リュック・フェリー／アラン・ルノー『68 年の思想』小野潮訳, 法政大学出版局, 1998 年.

リオタールのポストモダン論も, この流れで読み直すといろいろなことが分かる.

ジャン＝フランソワ・リオタール『ポスト・モダンの条件』小林康夫訳, 水声社, 1986 年.

あくまでも仮説だが, フーコーが晩年に「主体への回帰」「倫理の系譜学」を企てたのも, この流れと無関係ではない.

ミシェル・フーコー『性の歴史Ⅱ　快楽の活用』田村俶訳, 新潮社, 1986 年.
ミシェル・フーコー『性の歴史Ⅲ　自己への配慮』田村俶訳, 新潮社, 1987 年.

ジル・ドゥルーズ『差異と反復』上・下，財津理訳，河出文庫，2007年.
ジル・ドゥルーズ『意味の論理学』上・下，小泉義之訳，河出文庫，2007年.

ジャック・デリダ〔本書・第5章〕

デリダ思想に入門するときは，「エクリチュール」を強調するデリダの意に反して，対談やインタビューから読むのがいいと思う．文章とは違って分かりやすく語っている．『ポジシオン』は初期のころのもの，後の二つは後期のものである．

ジャック・デリダ『ポジシオン』（新装版）高橋允昭訳，青土社，2000年.
ジャック・デリダ／エリザベト・ルディネスコ『来たるべき世界のために』藤本一勇・金澤忠信訳，岩波書店，2003年.
ジャック・デリダ『デリダ、脱構築を語る』，ポール・パットン／テリー・スミス編，谷徹・亀井大輔訳，岩波書店，2005年.

論文として，重要かつ近づきやすいものとしては，次の4つを挙げておきたい．いずれも法政大学出版局から刊行されている．

「人間科学の言説における構造、記号、遊び」（『エクリチュールと差異』合田正人・谷口博史訳，法政大学出版局，2013年）
「差延」（『哲学の余白』上，高橋允昭・藤本一勇訳，法政大学出版局，2007年）
「プラトンのパルマケイアー」（『散種』藤本一勇・立花史・郷原佳以訳，法政大学出版局，2013年）
「署名・出来事・コンテクスト」（『有限責任会社』高橋哲哉・増田一夫・宮﨑裕助訳，法政大学出版局，2002年）

著作を読むとすれば，前期と後期の二つの書物を挙げておきたい．最初は奇妙に感じる言葉づかいも，慣れてくると意味が分かるようになり，デリダの論理に違和感がなくなるかもしれない．

摩書房，1998～2002年．

ミシェル・フーコー『フーコー・コレクション』（全6巻）小林康夫・石田英敬・松浦寿輝編，ちくま学芸文庫，2006年．

また，同じコレクションの『フーコー・ガイドブック』にはフーコーのコレージュ・ド・フランスでの講義録も翻訳されていて，書物では見えなかったフーコーの思索の軌跡をたどることができる．『ミシェル・フーコー講義集成』（全13巻）も筑摩書房より刊行中．

ジル・ドゥルーズ／フェリックス・ガタリ〔本書・第4章〕

ドゥルーズ＝ガタリのアルファにしてオメガは，『アンチ・オイディプス』である．二人の思想の革命性も，それが孕む問題も，この本に集約されている．最近は，彼らの本のほとんどが文庫化されているので，近づきやすくなっている．『千のプラトー』は大部なので，序論の「リゾーム」だけ読むという手もある．それでもメッセージは伝わるのではないだろうか．

ドゥルーズ＝ガタリ『アンチ・オイディプス』上・下，宇野邦一訳，河出文庫，2006年．

ドゥルーズ＝ガタリ『千のプラトー』上・中・下，宇野邦一・小沢秋広・田中敏彦・豊崎光一・宮林寛・守中高明訳，河出文庫，2010年．

ジル・ドゥルーズ『記号と事件』宮林寛訳，河出文庫，2007年．

ドゥルーズは卓越した哲学史家でもあるので，スピノザやニーチェ，ベルクソン，ヒュームなどにかんする著作も楽しめる．そのなかで，入門としてオススメは次の二つである．

ジル・ドゥルーズ『スピノザ』鈴木雅大訳，平凡社ライブラリー，2002年．

ジル・ドゥルーズ『ニーチェ』湯浅博雄訳，ちくま学芸文庫，1998年．

ドゥルーズの本格的な哲学書が読みたい人には，次の二つがある．しかし，入門としてはかなり厳しい．

〔著作集3〕』下澤和義，『モードの体系』佐藤信夫訳（ともに，みすず書房）だろうか．

ルイ・アルチュセール〔本書・第2章Ⅲ〕

アルチュセールについては，二つの著作を挙げておきたい．一つはマルクス解釈，もう一つは「イデオロギー論」である．アルチュセールの文章は，フランスの現代思想家としては，珍しくレトリカルではないので，きわめて読みやすい．

ルイ・アルチュセール『マルクスのために』河野健二・田村俶・西川長夫訳，平凡社ライブラリー，1994年．
ルイ・アルチュセール『再生産について』上・下，西川長夫・伊吹浩一・大中一彌・今野晃・山家歩訳，平凡社ライブラリー，2010年．

ミシェル・フーコー〔本書・第3章〕

フーコーを読む場合，二つのやり方がある．一つは，主著をじっくり読むことである．年代順ではないが，読みやすい順に並べておきたい．どれも歴史書なので，具体的な叙述が多く，忍耐力さえあれば読み通すことができる．

ミシェル・フーコー『性の歴史Ⅰ　知への意志』渡辺守章訳，新潮社，1986年．
ミシェル・フーコー『監獄の誕生』田村俶訳，新潮社，1977年．
ミシェル・フーコー『狂気の歴史』田村俶訳，新潮社，1975年．
ミシェル・フーコー『言葉と物』渡辺一民・佐々木明訳，新潮社，1974年．

もう一つの読み方は，フーコーが折りにふれて行なった発言や小文を読むことである．これは，一つ一つが短く，内容としても平易に書かれているので，入門としては適している．最近は，文庫版でも出版されているので，利用しやすくなった．

ミシェル・フーコー『ミシェル・フーコー思考集成』（全10巻）蓮實重彥・渡辺守章監修，小林康夫・石田英敬・松浦寿輝編，筑

また，レヴィ＝ストロースの構造主義とブルバキ派の数学の関係については，次の書物が明快である．ブルバキ派の数学なくして，レヴィ＝ストロースの「構造主義」は理解できない．

山下正男『思想の中の数学的構造』，ちくま学芸文庫，2006 年．

ジャック・ラカン〔本書・第2章Ⅰ〕

ラカンの主著は『エクリ』であるが，これを読み進めるのはきわめて困難である．レヴィ＝ストロースやメルロ＝ポンティでさえも，ラカンの文章は5，6回読まないと理解できなかったらしい．ラカンが長年行なってきたセミナーの記録が『セミネール』として出版されている．そのうちの何冊かは，日本語にも訳されているので，『エクリ』よりはこちらを読むほうがいい．

ジャック・ラカン『セミネール』，ジャック＝アラン・ミレール編，岩波書店，1991 年～
〔『フロイトの技法論』『フロイト理論と精神分析技法における自我』『精神病』『対象関係』『無意識の形成物』『精神分析の倫理』『精神分析の四基本概念』〕

スラヴォイ・ジジェクが書いたラカン入門書があるけれども，ジジェクの筆力によっても，やはりラカンは難しい．

スラヴォイ・ジジェク『ラカンはこう読め！』鈴木晶訳，紀伊國屋書店，2008 年．

ロラン・バルト〔本書・第2章Ⅱ〕

バルトの思想としては，次の二つの小さな著作がいい．前者はバルトのデビュー作として貴重な記録である．後者は，有名な「作者の死」や「テクスト」論が含まれている．

ロラン・バルト『零度のエクリチュール』石川美子訳，みすず書房，2008 年．
ロラン・バルト『物語の構造分析』花輪光訳，みすず書房，1979 年．
このほかに読むとすれば，具体的な分析を含んだ，『現代社会の神話

房，1993 年.
ディディエ・エリボン『ミシェル・フーコー伝』田村俶訳，新潮社，1991 年.
フランソワ・ドス『ドゥルーズとガタリ　交差的評伝』杉村昌昭訳，河出書房新社，2009 年.
ブノワ・ペータース『デリダ伝』原宏之・大森晋輔訳，白水社，2014 年.

伝記ではなく，自伝的なものとしては，以下の著作が参考になる．とくに，アルチュセールの自伝は，妻の殺害について生々しく書かれており，思わず引き込まれてしまう．また，デリダのインタビューはアクセスしやすい貴重な証言と言える．レヴィ＝ストロースやバルトの著作は，一つの作品として読むことができる．

クロード・レヴィ＝ストロース『悲しき熱帯』Ⅰ・Ⅱ，川田順造訳，中公クラシックス，2001 年.
ロラン・バルト『彼自身によるロラン・バルト』佐藤信夫訳，みすず書房，1979 年.
ルイ・アルチュセール『未来は長く続く』宮林寛訳，河出書房新社，2002 年.
ジャック・デリダ『言葉にのって』林好雄・森本和夫・本間邦雄訳，ちくま学芸文庫，2001 年.

クロード・レヴィ＝ストロース〔本書・第１章〕

レヴィ＝ストロースについては，次の二つの著作を読むといい．前者は論文集なので，全部を一気に読み通そうとせず，気になる論文から読むのをオススメする．後者は終章でサルトル批判を行なって，構造主義の流行を生み出したものだ．そこで，終章を読むだけでも，レヴィ＝ストロースの問題意識がストレートに伝わってくる．

クロード・レヴィ＝ストロース『構造人類学』荒川幾男・生松敬三・川田順造・佐々木明・田島節夫訳，みすず書房，1972 年.
クロード・レヴィ＝ストロース『野生の思考』大橋保夫訳，みすず書房，1976 年.

ブックガイド

フランス現代思想に入門する場合に，オススメの本を選んでみた．しかし，「入門」とはいえ，必ずしも読みやすいわけではない．原文そのものが読みにくい場合もあるし，訳文に問題がある場合もあるかもしれないけれど，最初のうちは気にせず読み進めるといいだろう．そのうち，何となく言いたいことが分かってくる．そうなったら，面白さに取りつかれるかもしれない．

「フランス現代思想」全体

まず，全体の概観を知るために，基本的な二つの書物を挙げてみたい．いずれも大きな書物なので，必要な個所から読むことを提案する．前者は，「構造主義」の歴史についての決定版と言える．後者は，「構造主義」や「ポスト構造主義」がアメリカでどのように受容されたかを描いており，「フランス現代思想」の世界的な影響が確認できる．


フランソワ・ドッス『構造主義の歴史』上・下，清水正・佐山一・仲澤紀雄訳，国文社，1999年．

フランソワ・キュセ『フレンチ・セオリー』桑田光平・鈴木哲平・畠山達・本田貴久訳，NTT出版，2010年．

思想家の伝記／自伝

思想家の伝記のうち，日本語で読めるものを挙げてみた．思想そのものは難しいが，伝記を読むと，その思想もぐっと身近に感じられるだろう．興味ある思想家から読んでみてはどうだろうか．


ドニ・ベルトレ『レヴィ＝ストロース伝』藤野邦夫訳，講談社，2011年．

エリザベト・ルディネスコ『ジャック・ラカン伝』藤野邦夫訳，河出書房新社，2001年．

ヤン・ムーリエ＝ブータン『アルチュセール伝』今村仁司・塚原史・谷昌親・下澤和義・吉本素子訳，筑摩書房，1998年．

ルイ＝ジャン・カルヴェ『ロラン・バルト伝』花輪光訳，みすず書

岡本裕一朗（おかもと・ゆういちろう）

1954年，福岡県生まれ．1984年九州大学大学院文学研究科修了．博士（文学）．九州大学文学部助手，玉川大学文学部教授を経て，現在，玉川大学名誉教授．専攻は哲学・倫理学．
著書『ポストモダンの思想的根拠』（ナカニシヤ出版，2005）
『ヘーゲルと現代思想の臨界』（ナカニシヤ出版，2009）
『ネオ・プラグマティズムとは何か』（ナカニシヤ出版，2012）
『12歳からの現代思想』（ちくま新書，2009）
『思考実験』（ちくま新書，2013）
『いま世界の哲学者が考えていること』（ダイヤモンド社，2016）
『答えのない世界に立ち向かう哲学講座』（早川書房，2018）
ほか

フランス現代思想史《げんだいしそうし》
中公新書 *2300*

2015年1月25日初版
2021年8月30日4版

著　者　岡本裕一朗
発行者　松田陽三

本文印刷　三晃印刷
カバー印刷　大熊整美堂
製　　本　小泉製本

発行所　中央公論新社
〒100-8152
東京都千代田区大手町1-7-1
電話　販売 03-5299-1730
　　　編集 03-5299-1830
URL http://www.chuko.co.jp/

Published by CHUOKORON-SHINSHA, INC.
Printed in Japan　ISBN978-4-12-102300-1 C1210

中公新書刊行のことば

いまからちょうど五世紀まえ、グーテンベルクが近代印刷術を発明したとき、書物の大量生産は潜在的可能性を獲得し、いまからちょうど一世紀まえ、世界のおもな文明国で義務教育制度が採用されたとき、書物の大量需要の潜在性が形成された。この二つの潜在性がはげしく現実化したのが現代である。

いまや、書物によって視野を拡大し、変りゆく世界に豊かに対応しようとする強い要求を私たちは抑えることができない。この要求にこたえる義務を、今日の書物は背負っている。だが、その義務は、たんに専門的知識の通俗化をはかることによって果たされるものでもなく、通俗的好奇心にうったえて、いたずらに発行部数の巨大さを誇ることによって果たされるものでもない。現代を真摯に生きようとする読者に、真に知るに価いする知識だけを選びだして提供すること、これが中公新書の最大の目標である。

私たちは、知識として錯覚しているものによってしばしば動かされ、裏切られる。私たちは、作為によってあたえられた知識のうえに生きることがあまりに多く、ゆるぎない事実を通して思索することがあまりにすくない。中公新書が、その一貫した特色として自らに課すものは、この事実のみの持つ無条件の説得力を発揮させることである。現代にあらたな意味を投げかけるべく待機している過去の歴史的事実もまた、中公新書によって数多く発掘されるであろう。

中公新書は、現代を自らの眼で見つめようとする、逞しい知的な読者の活力となることを欲している。

一九六二年一一月

中公新書 哲学・思想

宗教・倫理

中公新書

言語・文学・エッセイ

中公新書

芸術

2072 日本的感性 佐々木健一
1296 美の構成学 三井秀樹
1741 美学への招待（増補版） 佐々木健一
1220 書とはどういう芸術か 石川九楊
1994 カラー版 イタリア・ロマネスクへの旅 池田健二
118 フィレンツェ 高階秀爾
385 386 カラー版 近代絵画史（増補版）（上下） 高階秀爾
1781 マグダラのマリア 岡田温司
2188 アダムとイヴ 岡田温司
2369 天使とは何か 岡田温司
2425 カラー版 ダ・ヴィンチ絵画の謎 斎藤泰弘
2232 ミケランジェロ 木下長宏
2614 カラー版 ラファエロ―ルネサンスの天才芸術家 深田麻里亜
2292 カラー版 ゴッホ〈自画像〉紀行 木下長宏
2513 カラー版 日本画の歴史 近代篇 草薙奈津子
2514 カラー版 日本画の歴史 現代篇 草薙奈津子
2478 カラー版 横山大観 古田亮
1827 カラー版 絵の教室 安野光雅
2562 現代美術史 山本浩貴
1103 モーツァルト H・C・ロビンズ・ランドン 石井宏訳
1585 オペラの運命 岡田暁生
1816 西洋音楽史 岡田暁生
2630 現代音楽史 沼野雄司
2009 音楽の聴き方 岡田暁生
2606 音楽の危機 岡田暁生
2395 ショパン・コンクール 青柳いづみこ
2569 古関裕而―流行作曲家と激動の昭和 刑部芳則
1854 映画館と観客の文化史 加藤幹郎
2247 2248 日本写真史（上下） 鳥原学